Aljoscha A. Schwarz
Ronald P. Schweppe

Der Träumer, der Weise, das innere Kind

Aljoscha A. Schwarz
Ronald P. Schweppe

Der Träumer, der Weise, das innere Kind

Personale Integration – die Vielfalt der Persönlichkeit entdecken

Kösel

Druck und Bindung: Pustet, Regensburg
Illustrationen auf den Seiten 30, 31, 35, 44-47, 59, 191, 192:
Wolfgang Pfau, Baldham
Umschlag: HOM/getty images
Umschlaggestaltung: fuchs_design, München
ISBN 3-466-34480-8

Gedruckt auf umweltfreundlich hergestelltem Werkdruckpapier (säurefrei und chlorfrei gebleicht)

Inhalt

Teil 3

Hinweis

Wir standen in diesem Buch wieder einmal vor dem Problem, wie Frauen und Männer angesprochen werden sollten. Ist es besser, immer sowohl die weibliche als auch die männliche Form zu verwenden? Oder nur die weibliche? Wir haben uns, wenn auch mit gewissen Bedenken, jedoch der besseren Lesbarkeit halber, dafür entschieden, die grammatisch männlichen Bezeichnungen zu verwenden, aber wollen sie selbstverständlich nicht als *männliche*, sondern als *menschliche* Form verstanden wissen.

Entscheidungen

David blickte in die Tiefe. Warum war er nur hier oben? Er wollte springen. Er wusste, er würde springen. Aber etwas in ihm wusste auch, dass er nicht springen wollte und sollte. »Du bist verrückt. Was machst du hier nur?«, fragte diese Stimme. Doch da war eine weitere Stimme, die eindringlich raunte: »Du musst springen. Jetzt. Tu, was du dir vorgenommen hast!« Und noch eine Stimme meldete sich zu Wort: »Was werden deine Freunde von dir denken?« Und obwohl eine Stimme in ihm aufschrie, stieß er sich ab und sprang in den bodenlosen Abgrund.

Oft stehen wir vor Entscheidungen. Nicht jede ist so dramatisch wie Davids Entscheidung, seinen ersten Fallschirmsprung zu wagen. Aber jedes Mal, wenn wir eine Entscheidung treffen, entscheiden wir zwischen verschiedenen Möglichkeiten. Manchmal ist das leicht. Mitunter aber auch ausgesprochen schwierig; dann nämlich, wenn ein Teil von uns das eine und ein anderer Teil das andere will.

Es sind aber nicht nur Entscheidungen, bei denen wir erleben, dass widersprüchliche Gedanken und Gefühle in uns auftauchen. Wir können Menschen, Dingen und Vorstellungen gegenüber ambivalente Gefühle haben. Wir können gegensätzliche Dinge denken. Wir können uns selbst herabsetzen und uns selbst loben. Aber wer lobt da wen?

In diesem Buch wird es darum gehen, zu entdecken, wer wir sind, wie wir entscheiden, denken, fühlen und handeln. Darum, wie wir Entscheidungen treffen, uns selbst betrachten und wie wir mit uns selbst umgehen. Sie werden erfahren, wie Sie sich auf eine andere Weise als die gewohnte sehen können und wie Sie durch die Veränderung des Blickwinkels sich und andere besser verstehen können. Sie werden Möglichkeiten kennen lernen, innere und äußere Konflikte leichter zu lösen, sich selbst vollkommen zu akzeptieren und Ihr Potenzial zu erweitern. Sie werden lernen, Ihrem Selbst mit all seinen lichtvollen, aber auch »dunklen« Seiten liebevoll und verständnisvoll zu begegnen und sich dabei selbst entdecken.

Nachdem Sie das Buch gelesen haben, werden Ihnen vielleicht einige Fragen, die Sie sich schon öfter einmal gestellt haben, klarer sein:

- Warum weiß ich manchmal nicht, was ich wirklich will?
- Warum sind meine Ziele mal so und mal anders?
- Warum kann ich, z.B. in Prüfungen, nicht gelassen bleiben?
- Warum esse ich zu viel, auch wenn ich weiß, dass ich mich später ärgere?
- Warum fällt es mir so schwer, das Rauchen aufzugeben, obwohl ich weiß, dass es mir schadet?
- Warum streite ich mit bestimmten Menschen, obwohl ich weiß, dass das nichts bringt?
- Warum kann ich meine Fantasie nicht auch beim Lösen von Problemen einsetzen?
- Warum habe ich Ängste, auf die ich gut verzichten könnte?
- Warum bin ich nicht immer der, der ich gern wäre?
- Warum bin ich, wie ich bin?

Die Reise beginnt. Es ist eine Reise, die Sie in das Innere Ihrer Persönlichkeit führen wird.

Das Rätsel des Bewusstseins

Jeder Busen ist, der fühlt, ein Rätsel.

Heinrich von Kleist

Wohl wenige Fragen sind so schwierig wie die Frage nach unserem Bewusstsein. Die Schwierigkeit besteht darin, dass das, was untersucht werden soll, gleichzeitig das Mittel ist, mit dem die Untersuchung stattfindet. Tatsächlich ist die Frage so tief greifend, dass Philosophen, Psychologen und Naturwissenschaftler sich erst sehr spät an diese Frage wagten - und sie bis heute nicht wirklich gelöst ist.

Wir wollen hier nicht die schwierigen philosophischen Probleme aufgreifen - oder gar lösen -, sondern uns ansehen, wie wir unser Bewusstsein (und Unterbewusstsein!), unser Ich und unser »Seelenleben« auf eine produktive, sinnvolle Art und Weise betrachten können. »Sinnvoll« ist eine Sichtweise dann, wenn sie unsere Möglichkeiten erweitert, zu unserer seelischen und körperlichen Gesundheit beiträgt und uns zu mehr Lebensfreude verhilft.

Was ist das Bewusstsein? Versuchen wir einmal, es ganz naiv zu betrachten und davon auszugehen, dass es seine Wahrnehmungen, Gefühle, Gedanken und Empfindungen mit einer

Art »Scheinwerfer« ins rechte Licht rückt. Das heißt also, das Bewusstsein kann den Scheinwerfer selbst steuern, sich auf Verschiedenes fokussieren und dabei selbst verändern. Doch was passiert im Schatten? Welchen Einfluss nimmt das, was nicht im Bewusstseinslicht steht? Und wer richtet eigentlich den Scheinwerfer aus? Schwierige Fragen ...

Zwei Seelen wohnen (mindestens) in meiner Brust

Du bist dir nur des einen Triebs bewusst;
O lerne nie den andern kennen!
Zwei Seelen wohnen, ach! in meiner Brust,
Die eine will sich von der andern trennen ...

Faust I, Vor dem Tor
Johann Wolfgang von Goethe

Das Bewusstsein ist nicht alles. Eigentlich sogar das Wenigste dessen, was wir sind - eben nur das, was »im Licht« steht. Oft begreifen wir nicht einmal die Dinge, die in unserem Bewusstsein sind. Gefühle, Ängste, plötzlich auftauchende Gedanken und Bilder können dort erscheinen, ohne dass wir sie verstehen oder etwas über ihre Ursprünge sagen könnten. Wir wissen nur, dass diese Gedanken, Bilder und Gefühle irgendwie zu uns gehören und aus unserem Inneren kommen.

Also muss es wohl ein Unterbewusstsein geben. Heute sprechen wir ganz selbstverständlich vom Unterbewussten - aber das war nicht immer so. Erst seit etwa 100 Jahren verbreitete sich diese Idee. Sigmund Freud hat das Unterbewusstsein zwar nicht entdeckt oder gar erfunden, aber zum ersten Mal die Aufmerksamkeit wirklich darauf gelenkt. Für Freud war das Unbewusste etwas Furchterregendes. Aus dem Unbewussten kamen die

Triebe, die gefährlich werden konnten. Das »primitive« Unbewusste nannte Freud »Es«. Das Bewusstsein war natürlich das »Ich« – und einen weiteren Teil unserer Persönlichkeit, der ebenfalls unterbewusst war, aber nicht primitiv und triebhaft, nannte Freud »Über-Ich«. Freud wollte das Unbewusste ausschalten: »Wo Es war, soll Ich sein«, lautet eine seiner berühmten Aussagen.

Heute kommen uns viele seiner Aussagen eher naiv vor. Wir wissen heute, dass der größte Teil unserer Persönlichkeit seine Wurzeln im Unterbewusstsein hat – und dass das auch gut so ist. Würden all die unterbewussten Vorgänge, die in unserem Gehirn ablaufen, plötzlich in unserem Bewusstsein erscheinen, so wäre die Informationsflut derart gewaltig, dass wir überhaupt nicht mehr in der Lage wären, zu denken, zu fühlen oder gar zu handeln.

Unser Unterbewusstsein macht den größten Teil von dem aus, was wir sind. Unser Bewusstsein ist nur ein kleiner Teil des Ganzen. Beide zusammen, Bewusstsein und Unterbewusstsein: Das sind wir.

Die psychologische Unschärferelation

Wenn du die wahre Beschaffenheit von irgendetwas kennen lernen willst,
so überlasse es der Zeit!
Im Vorüberströmen sieht man nichts genau
und erkennt nichts.

Seneca

In der Quantenphysik gibt es die so genannte Unschärferelation, die besagt, dass man die Geschwindigkeit oder den Ort eines Teilchens bestimmen kann – aber niemals beides gleichzeitig. Die Messung eines Faktors verändert den anderen. Wenn wir uns selbst betrachten, so können wir etwas ganz Ähnliches feststellen: Wir können uns auf eine Sache, ein Gefühl oder einen Gedanken konzentrieren und deren Eigenschaften beobachten, und wir können uns unserer selbst bewusst sein - nie aber beides zusammen. Wenn wir uns selbst beobachten, werden wir damit unser Bewusstsein verändern. Indem wir unsere Aufmerksamkeit auf unser Inneres richten, verändern wir es damit in gewisser Weise auch. Gleichzeitig aber bleiben wir dabei wir selbst. Wir sind also ständig in innerer Bewegung, niemals die Selben und doch die Gleichen - wie ein Fluss, der immer wieder neues Wasser zum Meer trägt und dabei doch der gleiche Fluss bleibt; selbst wenn er sich ein neues Bett gräbt.

Wie können Sie die Veränderungen in sich selbst beobachten? Denken Sie an eine Situation, in der Sie zornig, wütend oder traurig waren. Richten Sie Ihre Gedanken ganz auf diese Situation, malen Sie ein inneres Bild von dieser Situation. Fühlen Sie, wer Sie sind.

Nun rufen Sie sich eine andere Begebenheit in Erinnerung, eine, bei der Sie aus tiefstem Herzen glücklich waren. Fühlen Sie sich ganz darin ein und führen Sie sich diese Situation bildhaft vor Augen. Fühlen Sie, wer Sie sind.

Sie erkennen: Obwohl Sie an beiden Situationen beteiligt waren, waren Sie in vielerlei Hinsicht nicht dieselbe Person. Und doch waren Sie es, der diese gegensätzlichen Gefühle und Gedanken dachte und fühlte. Das ist ja nicht so überraschend. Sie haben verschiedene Gefühle, Gedanken, Motivationen, Ziele und Einstellungen. In verschiedenen Situationen handeln, fühlen, denken Sie unterschiedlich. Das ist ja auch sinnvoll.

Und doch bleibt ein Rätsel: Sie sind immer dieselbe Person, doch alles, was in einem Augenblick in Ihrem Bewusstsein ist - die Gedanken, Gefühle, Motivationen, Erinnerungen und Bilder - ist in einem anderen Moment nicht mehr da und macht anderen Gedanken, Gefühlen, Motivationen, Erinnerungen und Bildern Platz. Was passiert mit dem, was nun nicht mehr im Bewusstseinslicht steht?

Das Persönlichkeitsbild der Personalen Integration

Genau betrachtet, ist alles Gespräch nur Selbstgespräch.

Christian Morgenstern

Vor Ihnen befindet sich eine Bühne, auf der verschiedene Figuren in verschiedenen Farben und Formen durcheinander laufen. Sie stehen an einem großen Scheinwerfer, den Sie nach rechts und links richten können. Sie können den Scheinwerfer auch enger stellen oder noch mehr in die Breite strahlen lassen. Die Figuren auf der Bühne werfen Schatten auf eine Leinwand. Dort werden sie gebündelt, und zwar so, dass eine dreidimensionale Gestalt projiziert wird – dorthin, wo der Scheinwerfer ist. Die Gestalt bedient den Scheinwerfer, durch den sie selbst entsteht. Diese Gestalt sind Sie!

Dieses Bild ist eine Metapher für das Ich, für das Bewusstsein, für das Unterbewusstsein und einige der Phänomene des Geistes. Die »Bühne« ist das Gehirn, die »Figuren« sind Gefühle, Erinnerungen, Gedanken und Wahrnehmungen. Der »Scheinwerfer« steht für das Licht des Bewusstseins, das sich auf bestimmte Teile des Geistes richten kann und sich dadurch selbst erschafft. Manche der Figuren auf der Bühne stehen im Licht, manche streift das Licht nur und manche stehen im Dunklen – das sind die Gefühle, Gedanken und Erinnerungen, die sich im Unterbewusstsein befinden. Wichtig sind auch die Bewegung der bunten Figuren – die Bewegungen unserer geistigen Vorgänge. Mitunter tauchen Figuren aus dem Dunkel ins Licht, so wie mitunter Erinnerungen, Gefühle oder Gedanken in unserem Bewusstsein auftauchen.

All das ist eine Metapher für das, was ist. Lassen Sie uns das Bild noch ein wenig genauer beschreiben, um zu sehen, was sein kann.

Die Figuren, die in undurchschaubarer Art und Weise auf der Bühne hin und her laufen, sind mehr oder weniger abstrakte Formen. Indem Sie nun genauer hinsehen, können Sie erkennen, dass manche dieser Formen meist zusammenstehen. Plötzlich können Sie in diesen zusammengehörigen Formen die Gestalten von Schauspielern erkennen. Nun wird das Ganze für Sie durchschaubarer. Sie können das Licht auf einzelne Schauspieler richten – und indem Sie dies tun, verändert sich Ihr Ich und nimmt die Eigenschaften dieser Schauspieler deutlicher an.

In dieser Metapher erkennen Sie, dass Ihr Geist nicht einfach aus verschiedenen Gefühlen, Gedanken und Erinnerungen besteht, sondern aus zusammengehörigen Entitäten, die wir als Personen verstehen können. Diese »Personen« sind jedoch Teil Ihrer Persönlichkeit, sozusagen Ihre »Teilpersönlichkeiten«. In der Personalen Integration nennen wir sie *Subpersönlichkeiten.*

Diese Art der Betrachtung kann zu neuen Einsichten führen. Vielleicht reagieren Sie aber auch eher mit Skepsis auf die Idee von Subpersönlichkeiten. Was auch immer Sie nun denken und fühlen ist völlig in Ordnung. Wir werden Ihnen aber im Laufe des Buches zeigen, warum die Metapher so hilfreich sein kann. Und im Folgenden wollen wir sie nun sogar noch ein wenig weiterführen, um einige besonders spannende und wichtige Aspekte zu verdeutlichen.

Die Formen und Farben können Sie nun schon als einzelne Schauspieler wahrnehmen. Indem Sie beobachten, stellen Sie fest, dass die handelnden Personen miteinander sprechen. Manche scheinen sich gut zu verstehen, andere weniger gut. Einige bleiben ganz im Abseits stehen und sind kaum sichtbar, andere drängen sich geradezu ins Licht. Sie sehen weiter zu und erkennen, dass das Gesamtbild manchmal wunderschön und harmonisch ist, manchmal aber auch undurchschaubar und unstimmig. Sie wünschten, Sie könnten mehr in das Geschehen eingreifen. Also probieren Sie es: Sie richten das Licht auf bestimmte auffällige Schauspieler und sprechen mit ihnen! Tatsächlich antworten sie. Sie können nun Streitereien schlichten und Vorschläge machen, wie sich die Schauspieler bewegen. Nicht immer gelingt das so, wie Sie sich das vorstellen – denn das ganze Geschehen ist ungeheuer komplex. Doch allmählich wird das Spiel harmonischer, trägt mehr Bedeutung und wird offensichtlich immer mehr von Freude und gemeinsamem Handeln getragen.

Das heißt also: Sie können mit Ihren Subpersönlichkeiten kommunizieren! Sie können durch die Kommunikation mit Ihrem Unterbewusstsein den »Tanz der Subpersönlichkeiten« choreographieren. Und indem Sie mit ihnen sprechen, ihre Motive und Gefühle verstehen, Konflikte zwischen den Einzelnen lösen und eine Atmosphäre liebevoller, gemeinschaftlicher, freudiger Zusammenarbeit schaffen, tragen Sie dazu bei, dass das Zusammenspiel Ihrer Subpersönlichkeiten immer harmonischer wird.

Das wiederum bedeutet: Ihr eigenes Seelenleben wird harmonischer werden, Sie werden weniger innere Konflikte erleben, und – Sie werden tatsächlich zum Regisseur Ihres Lebens! Ihre Seele ist die Bühne, der Tanz der Subpersönlichkeiten die Bewegung Ihrer Gefühle, Gedanken, Motive. Und alles zusammen sind Sie selbst.

GEDANKENSPAZIERGANG

Was in der Metapher sind die Bühnenmaler, die Techniker, die Garderobieren, die Maskenbildner? Wer errichtete die Bühne? Was geschieht, wenn der Vorhang fällt?

In diesem Buch werden Sie erfahren, wie Sie in den mitunter verwirrenden Formen und Farben Ihre Subpersönlichkeiten erkennen und mit ihnen optimal kommunizieren können. Sie werden sich selbst und Ihre Möglichkeiten entdecken und erweitern. Sie werden an Klarheit und Kraft gewinnen.

Bevor wir ganz praktisch werden und Ihnen zeigen, wie Sie die Personale Integration in Ihrem Leben nutzen können, werden wir Ihnen nun genau schildern, welche Ideen, Prinzipien und Erfahrungen hinter diesem Konzept stehen.

Teil I

Seelen-
räume

Wer ist »Ich«?

»Ich! Der ich mir alles bin, da ich alles nur durch mich kenne!«
So ruft jeder, der sich fühlt.

Johann Wolfgang von Goethe

Sie erleben Ihr *Ich* als das, was Sie ausmacht; als das, was über die Zeit konstant bleibt – *Ich* ist immer *Ich*. Doch nach den bisherigen Kapiteln ist sicherlich klar geworden, dass das Ich vielschichtiger ist, als es auf den ersten Blick scheinen mag. In Ihrem Unterbewusstsein wirken relativ autonome *Subpersönlichkeiten* – beispielsweise das *innere Kind:* die Gedanken, Gefühle und Erinnerungen des schutzbedürftigen, neugierigen, spielerischen Kindes, das Sie einst waren und das heute noch mit Angst reagiert, wenn Sie allein gelassen werden. Oder der *innere Kritiker*, der bei all Ihren Träumen und Ideen die Probleme und Schwierigkeiten erkennt und Sie mitunter desillusioniert. Oder der *innere Träumer*, der ständig kreativ ist und neue Ideen entwickelt, der oft sehr unrealistisch ist, manchmal aber auch faszinierende Dinge hervorbringt.

Wir sprechen hier von Subpersönlichkeiten; doch in gewisser Weise sind es stets Sie selbst. Wenn Sie verletzlich und schutzbedürftig sind, wenn Sie sich und andere kritisch betrachten, wenn Sie kreativ sind – immer würden Sie sagen: »Ich bin verletzlich.«, »Ich bin kritisch.«, »Ich bin kreativ.«

Wie aber kann es sein, dass *ein* Ich so widersprüchlich ist? Dass ein und dasselbe Ich verletzlich und voll Selbstvertrauen, kreativ und konservativ, kritisch und vertrauensvoll ist?

Ich bin Viele

Wenn ich allein bin, bin ich am wenigsten allein.
Cicero

Die nahe liegende Antwort ist: Das Ich ist all das – und zwar zu unterschiedlichen Zeiten. Aber befriedigt diese Antwort? Wohin geht das verletzliche, spielerische Ich, wenn das kritische, rationale Ich seine Stimme erhebt? Ist es dann noch irgendwo vorhanden, wirkt es noch irgendwie weiter?

Wenn wir an Situationen denken, in denen wir zwei Dinge gleichzeitig wollen, wird klar, dass wir innerlich mit mehreren Stimmen sprechen. Oft ist das wenig Aufsehen erregend. Ich nehme mir vor, die Wohnung aufzuräumen – aber gleichzeitig habe ich keine rechte Lust dazu und setze mich lieber ans Klavier und spiele ein wenig Bach. Ich möchte mich gesünder ernähren – aber dann sieht der Schokoladenkuchen, den mir eine Freundin anbietet, einfach doch viel zu lecker aus, um ihn abzulehnen. Das sind alles ganz normale Erfahrungen, die wohl jeder von uns macht.

Manchmal wird es noch deutlicher. Nämlich dann, wenn der Wille des gegenwärtigen Ich sehr stark ist, gleichzeitig aber eine ebenso starke – dem entgegengesetzte – Kraft wirksam wird. Dann kann man wirklich ver-ZWEI-feln. Ich (A.A.S.) habe das oft erlebt, wenn ich mit einem neuen Buch anfangen wollte: Die Idee war in meinem Kopf fertig durchdacht, der Ablauf des Buches klar, ich freute mich darauf, anzufangen – und doch fiel es mir zuerst einmal sehr schwer, die ersten Seiten zu Papier zu bringen. Irgendeine innere Kraft hielt mich zurück. Die meisten

Menschen, die schreiben, kennen diese anfängliche Schreibhemmung.

Diese starken gegensätzlichen Strömungen finden wir auch in anderen Lebenssituationen, insbesondere dann, wenn es beispielsweise um Beziehungen, um soziales Miteinander geht: Sich dem anderen gegenüber öffnen wollen, aber doch abweisend bleiben. Oder: Eine desolate Beziehung beenden müssen, und doch darin verharren. Oder: Dem Mobbing am Arbeitsplatz entfliehen wollen, aber dennoch nicht kündigen, usw. Tatsächlich können solche inneren Konflikte so stark werden, dass ernsthafte psychische Probleme, Depressionen oder sogar Selbsttötungsgedanken auftauchen.

GEDANKENSPAZIERGANG

Wann haben Sie schon einmal einen solchen inneren Konflikt erlebt? Eine Situation, in der Sie etwas wirklich tun wollten, aber sich dann doch nicht oder nur sehr schwer dazu bringen konnten, es tatsächlich zu tun?

Wie können wir diese inneren Widersprüche verstehen? Offenbar ist die Vorstellung eines einheitlichen monolithischen Ich nicht sehr hilfreich, wenn es darum geht, sich selbst in seiner Vielschichtigkeit und Widersprüchlichkeit zu begreifen, oder gar, diese Widersprüche aufzulösen. Und doch ist ein einheitliches Ich, das eins mit sich selbst ist, das erklärte oder unausgesprochene Ziel beinahe aller psychologischen Schulen und Weisheitslehren.

Von Freud, Chinesen und Schamanen

Das bewusste Denken unterscheidet sich vom unbewussten und
traumhaften Denken wie die Kantilene von der Fuge.
Das Bewusste besteht darin, dass eine der Stimmen – der Gedanke –
vom Willen hervorgehoben und losgelöst wird,
sodass die anderen Stimmen als leise Begleitung verblassen.
Das Unbewusste denkt die verschiedenartigsten Elemente
mit gleicher Intensität zu gleicher Zeit.

Walther Rathenau

Um unser Seelenleben und unsere inneren Konflikte zu verstehen und zu lösen wurden innerhalb verschiedener Kulturen verschiedene Ideen entwickelt.

Im *Buddhismus* ist die Lösung überraschend einfach: Das Ich ist eine Illusion – und damit lösen sich die (scheinbaren) Widersprüche natürlich in nichts auf. Diese Lösung ist zwar formal elegant, aber nicht unmittelbar hilfreich: Denn die Illusion, dass es ein von der Gesamtheit des Seins getrenntes Ich gibt, kann ja so leicht nicht überwunden werden. Wenn sich – durch lange meditative Übung – die Illusion auflöst, verschwinden tatsächlich alle inneren Konflikte. Sicher könnte man jedem diesen Weg empfehlen. Doch es ist wohl nur einigen wenigen möglich, ihr Leben ganz der spirituellen Vervollkommnung zu widmen.

Der Vater der *Psychoanalyse*, Sigmund Freud, entwickelte ein ganz anderes Konzept: Die menschliche Psyche ist ein System, das aus drei »Teilen« besteht, dem Ich, dem Es und dem Über-Ich. Das *Es* ist der primitive, irrationale, triebhafte Teil unseres Wesens, das vom Lustprinzip bestimmt ist; das *Über-Ich* ist der Gegenpol dazu, der Teil, der die gesellschaftlichen und moralischen Regeln verwirklichen will. Diese beiden Teile wirken im Unbewussten, sind relativ autonom und können sich widersprechen. Das *Ich* ist bei Freud der bewusste Teil, der zwischen

Es und *Über-Ich* vermittelt und ihre Wünsche realitätsbezogen abwägt. Wie formulierte er das Ziel der Psychoanalyse? »Wo *Es* war, soll *Ich* sein.« Freuds Theorie wirft allerdings mehr Fragen auf, als sie löst. Interessant war jedoch seine Idee, dass der Mensch nicht nur bewusst und rational handelt, sondern dass es auch unterbewusste Motivationen gibt.

Alte *chinesische Theorien* des Geistes ähneln in einigen Punkten Freuds Theorie; in mancher Hinsicht gehen sie jedoch über Freud hinaus: Da ist die Rede von *zhu yishi* (Hauptbewusstsein) und mehreren *fu yishi* (Nebenbewusstsein). Die verschiedenen »Nebenbewusstseine« sind dem Hauptbewusstsein untergeordnet, aber haben eine gewisse Selbstständigkeit - sie werden dem Hauptbewusstsein in der Regel nicht bewusst, aber können es beeinflussen. Die besonderen Kräfte, die Kung-Fu-Meister zeigen, stammen aus den *fu yishi*. Bestimmte Techniken, vor allem Atem- und Meditationsübungen (Qi Gong), wurden entwickelt, um die *fu yishi* zu stärken und um dadurch ungewöhnliche Fähigkeiten zu gewinnen. Während diese Methoden offensichtlich sehr wirksam sind, um bewusst nicht direkt kontrollierbare körperliche Vorgänge zu beeinflussen, bieten sie kein Konzept, um psychologische Konflikte zu lösen.

Die *Schamanen* nomadischer Stämme, sowohl in Sibirien als auch bei nord- und südamerikanischen Ureinwohnern, verlagerten das Problem nach außen: Die unterschiedlichen Stimmen in uns sind Stimmen verschiedener Geister und Dämonen. In Trance sprechen die Schamanen mit diesen Wesenheiten, erhalten von ihnen Rat und Hilfe bei seelischen und körperlichen Problemen. Doch nicht nur für sich selbst treten die Schamanen mit der Geisterwelt in Kontakt; sie begleiten auch andere Hilfesuchende. Es bedarf nur einer geringen Verschiebung der Sichtweise, um das Konzept der Schamanen als ein sehr modernes zu erkennen: Wenn wir die »Geister«, »Dämonen«, »Totemtiere« und »Ahnen« als innere statt als äußere Wesen betrachten, haben wir ein psychologisch aussagekräftiges und sinnvolles Konzept unseres Geistes vor uns.

In der Personalen Integration betrachten wir die Persönlichkeit als ein System, das aus Körper, Bewusstsein, Unterbewusstsein und Tiefenbewusstsein besteht. Das *Ich*, das Persönlichkeitszentrum, ist eine sich im stetigen Fluss befindende Einheit, die ein Netzwerk vieler »Subpersönlichkeiten« ist - beispielsweise dem inneren Kind, das die Welt mit Staunen betrachtet, lernbegierig und schutzbedürftig ist; dem inneren Weisen, der Zusammenhänge erkennt und Unglück gelassen nehmen kann; dem inneren Kritiker, der die Welt rational durchleuchtet und auf Probleme hinweist; dem inneren Schauspieler, der in unterschiedliche Rollen schlüpfen kann und so tut als ob ... und viele, viele andere.

Einige dieser Subpersönlichkeiten - zum Beispiel das innere Kind - kann jeder Mensch in sich finden; andere sind seine ganz individuellen inneren Persönlichkeiten. In der Regel sind uns diese Subpersönlichkeiten nicht bewusst. Das, was wir als uns selbst wahrnehmen, ist das Zusammenspiel vieler Subpersönlichkeiten. Und auch, wenn dieses Ganze mehr ist als die Summe seiner Teile, so ist es doch nichts ohne diese Teile.

Subpersönlichkeiten

Der Mensch ist wie die Erde selbst:
Eine dünne Kruste des Bewusstseins deckt ihn, und darunter, tief darunter, lodern die hellen Flammen des unbewussten Ich.

Herbert N. Casson

Was wir als unser Ich erleben, ist, wenn wir genauer hinsehen, stets das Zentrum der Aufmerksamkeit, die auf unser Inneres gerichtet ist: ein Bündel von Gefühlen, Gedanken, Erinnerungen und Wahrnehmungen. Und dieses Zentrum ist nicht statisch, sondern in immer währender Bewegung. Was sich da bewegt, sind die Subpersönlichkeiten, die mal mehr, mal weniger unser Bewusstsein beeinflussen.

Die wichtigsten Hypothesen der *Personalen Integration*

1. Körper, Bewusstsein, Unterbewusstsein und Tiefenpersönlichkeit sind eine *Einheit* – ein System, in dem jeder Teil alle anderen beeinflusst.
2. Die Persönlichkeit ist das Ergebnis der Bestrebungen einer Anzahl von *Subpersönlichkeiten (SP)*.
3. Die Absicht jeder einzelnen Subpersönlichkeit ist *immer positiv*.
4. Das *Bewusstsein* erreichen nur einige Subpersönlichkeiten (A, D, E) – siehe Grafik.
5. Das *Ich*, der »Charakter«, hat Teil am Bewusstsein und am Unterbewusstsein.
6. Einige Subpersönlichkeiten (F, G) erreichen das Ich nicht und beeinflussen auf direktem Wege ausschließlich das *Unterbewusstsein* – doch sie beeinflussen andere Subpersönlichkeiten, die das Ich erreichen.
7. Einige Subpersönlichkeiten (B, D, G) kommunizieren mit dem *Tiefenbewusstsein*, das körperliche Funktionen steuert.

➤ Grafik auf folgender Seite

Diese Hypothesen wollen wir nun etwas genauer betrachten. Doch was heißt überhaupt »Hypothesen«? Es sind keine *Theorien* über Persönlichkeit, Ich, Bewusstsein usw., sondern Vorannahmen, Bilder, Ideen, die sich als hilfreich erwiesen haben. Sie behaupten nicht, dass etwas *ist*, sondern dass es so sein könnte.

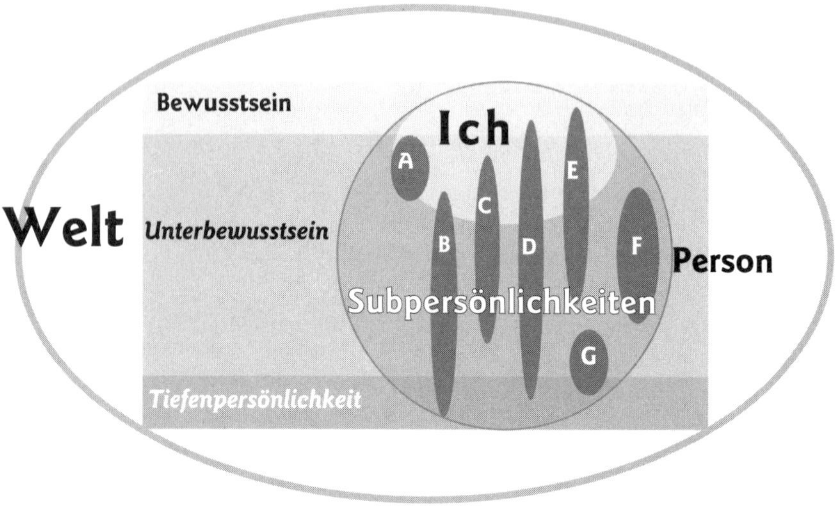

1. Die Einheits-Hypothese

Wir betrachten Körper, Bewusstsein, Unterbewusstsein und Tiefenpersönlichkeit als eine *Einheit*. Diese Einheit ist ein System, das aus mehreren Teilen besteht – doch diese Teile sind nur gedanklich voneinander zu trennen, um sich auf einen bestimmten Aspekt des ganzen Systems konzentrieren zu können. Jeder Teil des Systems steht mit allen anderen in Beziehung und beeinflusst sie. In Wirklichkeit (d.h. in unserem Modell der Wirklichkeit) sind Körper, Bewusstsein, Unterbewusstsein, Tiefenpersönlichkeit oder auch Körper, Seele und Geist immer eins. Die Namen sind Blickwinkel auf das Ganze.

? **GEDANKENSPAZIERGANG**

Auch ein Haus können Sie aus verschiedenen Blickwinkeln sehen, die sich gegenseitig ausschließen, aber dennoch dasselbe Haus zeigen – so können Sie es nicht gleichzeitig von innen und von außen sehen. Fallen Ihnen noch weitere Perspektiven ein?

2. Das Subpersönlichkeiten-Modell

Die zentrale Hypothese der Personalen Integration lautet, dass die Persönlichkeit die Gesamtheit vieler *Subpersönlichkeiten* ist. Das ist nicht dasselbe, als wenn wir sagten: Die Persönlichkeit entsteht aus dem Zusammenwirken von Subpersönlichkeiten. Denn stets *ist* das Ganze. Und das Ganze ist mehr als die Summe der Teile. Mit linearem (also schrittweise voranschreitendem) Denken ist das nicht leicht zu verstehen. Das Subpersönlichkeiten-Modell ist ein dynamisches Modell: Subpersönlichkeiten lassen die Persönlichkeit hervortreten, die dann wiederum die Subpersönlichkeiten beeinflusst.

3. Die Prinzipielle Positive Absicht

Die zweitwichtigste Hypothese der Personalen Integration lautet: Jede Subpersönlichkeit hat eine positive Absicht. Es gibt keine Subpersönlichkeiten, die »gegen uns« arbeiten - auch wenn es mitunter so scheinen mag. Diese Hypothese ist von entscheidender Bedeutung bei der Arbeit mit den Subpersönlichkeiten. Wir werden später noch genauer darauf eingehen.

4. Das Bewusstsein

Die Subpersönlichkeiten wirken in unterschiedlichen Tiefen. Die oberste Schicht des »mentalen Kontinuums« ist das *Bewusstsein*. Im Bewusstsein befinden sich diejenigen Erinnerungen, Gefühle, Bilder und Motive, die unmittelbar präsent sind oder durch das Ausrichten der Aufmerksamkeit präsent werden können.

In der Psychologie wird meist das *Vorbewusste* - das, was nicht unmittelbar bewusst ist, sondern erst durch gerichtete Aufmerksamkeit bewusst wird - vom *Bewussten* abgegrenzt. Diese Sicht führt jedoch dazu, dass das Bewusstsein etwas äußerst Flüchtiges ist: Nach dieser Sichtweise sind Sie sich meist nicht einmal bewusst, dass Sie existieren. Uns scheint eine solche Betrachtung nicht sonderlich hilfreich und wir wollen daher alles, was ohne besondere Anstrengung gewahr werden kann, dem Bewusstsein zurechnen.

Aber denken Sie noch einmal an die Einheitshypothese: Es gibt keine klare Trennung von Bewusstsein, Unterbewusstsein usw. - es sind nur Blickwinkel.

5. Das Ich

Das, was wir als Ich, als unseren »Charakter« bezeichnen, ist mehr, als uns bewusst ist. Wenn wir nur ein wenig nachdenken, wird das durchaus klar: Nicht bei allem, was wir denken und tun, können wir ohne weiteres feststellen, warum wir es denken und tun. Wir kennen nicht den Ursprung all unserer Gedanken, Gefühle und Motive.

Unser Ich hat also sowohl am Bewusstsein als auch am Unterbewusstsein teil. In unserem Subpersönlichkeiten-Modell bedeutet das, dass das Ich von mehr Subpersönlichkeiten (d.h. von mehr Gefühlen, Motiven, Erinnerungen usw.) beeinflusst wird, als uns unmittelbar klar ist.

6. Das Unterbewusstsein

Unterhalb der Ebene der Dinge, die wir uns ohne weiteres bewusst machen können, liegt das Unterbewusstsein. Das Bild eines Sees vermittelt eine Idee davon, wie Sie sich das vorstellen können: Wenn Sie einen See betrachten, meinen Sie damit in der Regel, dass Sie seine Oberfläche sehen - ganz unmittelbar, ohne dass Sie irgendetwas tun müssten. Die Oberfläche entspricht also dem unmittelbaren Gewahrsein. Meist können Sie jedoch auch ein Stück tiefer blicken. Das können ein paar Zentimeter sein, aber auch - vor allem dann, wenn der See ruhig und klar ist - einige Meter. Dieser Teil entspricht ebenfalls noch dem Bewusstsein. Doch irgendwo wird es dunkler und trüber. Wenn Sie ganz genau hinschauen, können Sie vielleicht noch ein paar sich bewegende Schatten oder besonders helle und leuchtende Gegenstände erkennen. Noch weiter in die Tiefe können Sie jedoch selbst mit größter Anstrengung nichts wahrnehmen. Der Bereich, wo es dunkler zu werden beginnt, entspricht dem Unterbewusstsein. Manche Dinge können Sie durch Bemühung noch ins Bewusstsein holen - aber irgendwo hört auch das auf.

Wie weit es in die Tiefe (des Sees oder des Unterbewusstseins) geht, können Sie nicht unmittelbar erkennen.

Im Unterbewusstsein gibt es Erinnerungen, Gefühle, Motive usw., die wir uns nicht ohne weiteres bewusst machen können. Betrachten wir nun bestimmte Vorgänge in unserem »mentalen Kontinuum« als Subpersönlichkeiten: Manche dieser Subpersönlichkeiten (bzw. Motive, Erinnerungen usw.) erreichen das Ich. Viele aber leben völlig im Unterbewusstsein. Dass etwas in unserem Unterbewusstsein ist, bedeutet jedoch nicht, dass es für uns keinerlei Bedeutung hätte. Bemühen wir noch einmal die See-Metapher: Auch Quellen, Fische, Taucher, Gegenstände, die so tief unter der Oberfläche sind, dass wir sie nicht sehen können, können die Oberfläche des Sees kräuseln, Strudel auslösen, die Farbe des Wassers verändern – ohne dass wir feststellen können, was dies bewirkt und wie es das bewirkt.

Genauso wirken auch die tief im Unterbewussten verborgenen Subpersönlichkeiten auf unser Bewusstsein – beispielsweise dadurch, dass sie andere Subpersönlichkeiten, die das Ich erreichen, beeinflussen.

➤ Grafik nebenstehend

7. Das Tiefenbewusstsein

In unserer See-Metapher ist das Tiefenbewusstsein der Grund des Sees. Psychologisch verstehen wir unter »Tiefenbewusstsein« jenen Teil unseres »mentalen Kontinuums«, der körperliche Funktionen steuert. Bestimmte Gefühle und Wahrnehmungen wirken ja bekannterweise auf unseren Körper. Sie können das leicht feststellen, wenn Sie an eine beängstigende Situation denken: Sofort wird sich Ihr Puls erhöhen. Sie selbst sind es, der das tut, wenn auch auf indirektem Wege. Denn Sie können sich nicht hinsetzen und einfach willentlich Ihren Herzschlag beeinflussen. Doch was Ihrem Willen nicht gelingt, gelingt Ihrer Vor-

stellungskraft! Sie stellen sich etwas vor – und plötzlich reagiert Ihr Körper.

In unserem Subpersönlichkeiten-Modell lässt sich diese Dynamik vereinfacht so ausdrücken: Sie (Ihr Bewusstsein) kommuniziert durch eine bestimmte Vorstellung mit einer Subpersönlichkeit, welche die Vorstellungen in wirksame Signale übersetzt (im Unterbewusstsein) und diese dann an eine weitere Subpersönlichkeit weitergibt, die mit dem *Tiefenbewusstsein* in Kontakt steht. Übrigens ist auch der umgekehrte Weg möglich: Körperliche Abläufe kommunizieren mit Subpersönlichkeiten im Tiefenbewusstsein, die die Signale dann weiterleiten, bis eventuell in unserem Bewusstsein Empfindungen, Gefühle, Erinnerungen auftauchen. Auf diese Weise kommt es beispielsweise bei bestimmten körperlichen Erkrankungen zu Depressionen, Albträumen oder Ängsten.

Diese sieben Hypothesen sind wichtig, um zu verstehen, wie die Personale Integration wirkt. Im Verlauf dieses Buches werden Sie erfahren, wie Sie diese doch sehr theoretischen Überlegungen nutzen können. Doch bevor wir uns der Praxis zuwenden, müssen wir noch ein paar wichtige Grundlagen näher erläutern. Vor allem wollen wir noch klären:

- Was sind denn nun eigentlich Subpersönlichkeiten? Gibt es Subpersönlichkeiten »wirklich«?
- Welche Methoden setzt die Personale Integration ein? Und mit welchen Zielen?

Zunächst aber möchten wir noch einige Worte über ein ganz wichtiges Konzept der Personalen Integration sprechen: die Prinzipielle Positive Absicht.

Die Prinzipielle Positive Absicht

Wenn ich die Meinung eines andern anhören soll,
so muss sie positiv ausgesprochen werden.
Problematisches hab' ich in mir selbst genug.

Johann Wolfgang von Goethe

Prinzipielle Positive Absicht bedeutet, dass jede einzelne Subpersönlichkeit, wie negativ sie auch immer von anderen Subpersönlichkeiten oder dem Ich bewertet wird, stets und ohne Ausnahme das Wohl der Person im Auge hat!

Nun, werden Sie vielleicht einwenden, wie sollte das möglich sein? Wie kann man behaupten, dass beispielsweise der Teil, der einen depressiven Menschen zur Selbsttötung treibt, das Wohl dieses Menschen beabsichtigt? Oder wie sollte das bei einem Amokläufer aussehen, der in seiner Verwirrung seine Familie tötet? Oder bei einem Massenmörder? Diese Beispiele sind absichtlich extrem gewählt und sicherlich schwer zu schlucken. Da es jedoch keine Ausnahmen von der Prinzipiellen Positiven Absicht gibt und es von allergrößter Wichtigkeit ist, dass Sie das

Prinzip vollkommen verstehen – und zwar nicht nur mit dem Verstand, sondern mit dem Herzen –, wollen wir nun näher darauf eingehen.

Schädliches Verhalten beginnt als positive Absicht

Fangen wir einmal ganz einfach an. Das folgende Beispiel ist natürlich stark vereinfacht und es ließe sich noch mancherlei dazu sagen. Aber vielleicht gibt es Ihnen einen ersten Eindruck davon, wie Vorgänge, die auf den ersten Blick negativ, unangenehm oder sogar schädlich sein können, dennoch einer positiven Absicht folgen.

Ein Kind wird geboren. Seine Bedürfnisse sind klar und direkt: Nahrung, emotionale Zuwendung, Sicherheit. Je älter das Kind wird, desto komplexer und vielschichtiger werden seine Bedürfnisse. Es will nicht nur Nahrung, sondern beispielsweise krabbeln, an der Tischdecke ziehen, seine Welt erkunden. Und es will die Nähe der Mutter. Nun kommt es mitunter zu Situationen, in denen zwei Wünsche miteinander in Widerstreit stehen: Das Kind will die Nähe der Mutter, andererseits aber die Welt erforschen.

Das Kind ist nun etwas älter und mit seiner Mutter auf dem Spielplatz. Es tapst auf dem Spielplatz umher und sieht seine Mutter nicht. Es ruft »Mama« – aber es sind viele Kinder und Mütter auf dem Spielplatz. Die Mutter sieht ihr Kind zwar, aber erkennt nicht, dass es sie jetzt bei sich haben will. Das Kind beginnt zu schreien – und die Mutter kommt. Das Schreien hat eine klare positive Absicht.

Nun ist das Kind drei Jahre alt. Die Mutter will wieder arbeiten und das Kind soll vormittags in den Kindergarten. Es will aber nicht, dass die Mutter es allein lässt, und bittet sie, zu bleiben. Sie versucht zu erklären, dass das nicht geht. Das Kind weint – aber seine Mutter hat nun einmal den Kindergartenplatz und ihren Job. Das Kind muss in den Kindergarten. Als es einmal krank wird, bleibt die Mutter zu Hause. Aha! Kranksein bedeutet, dass die Mutter dableibt. Dieser Lernvorgang findet natürlich in der Regel nicht bewusst statt – aber die Verbindung ist klar: Wenn sich das Kind krank fühlt, wird sein Wunsch, die Mutter bei sich zu haben, erfüllt.

Und nun erkennen wir etwas Überraschendes: Der Teil des Kindes, der (über den Kontakt zum Tiefenbewusstsein) Übelkeit, Durchfall oder andere Symptome hervorrufen kann, hat eine *positive Absicht*, wenn er das tut: Diese Subpersönlichkeit hilft dem Kind, die Nähe der Mutter zu erhalten! So wird etwas, das auf den ersten Blick gegen die Person des Kindes gerichtet ist – nämlich das Unwohlsein – bei näherem Hinsehen zur positiven Absicht!

Auch wenn diese konstruierte »Fallgeschichte« sehr stark vereinfacht, so macht sie hoffentlich doch das Prinzip klar: Selbst Vorgänge, die der Person einerseits eindeutig schaden, haben andererseits eine ebenso eindeutige positive Absicht. Natürlich: Wir werden oft nicht wissen, was denn diese positive Absicht genau ist. Als Erwachsene haben wir unendlich viele Erfahrungen gemacht. Viele Erinnerungen, Bilder und Gedanken sind in uns, und die meisten davon im Unterbewusstsein verborgen.

?

GEDANKENSPAZIERGANG

Fällt Ihnen irgendetwas aus Ihrem Leben ein, von dem Sie bisher nie daran gedacht haben, dass ihm eine positive Absicht zugrunde liegen könnte?

Wenn wir uns selbst mit Verständnis betrachten …

Sobald wir vom Standpunkt unseres Gegenwarts-Ich in uns hineinblicken, erkennen wir durchaus auch zerstörerische und sogar selbstzerstörerische Tendenzen. Was wir nicht sofort sehen können, sind die Entwicklungen, die zu diesen Tendenzen geführt haben. Das heißt nun *nicht,* dass wir uns mit unseren negativen Aspekten einfach abfinden oder sie gar gutheißen sollten! Keineswegs! Eine positive Absicht heißt ja nicht, dass diese Absicht sinnvoll ist. In der Geschichte des Kindes, das lernte, krank zu werden, um die Mutter bei sich zu haben, wird das deutlich: Die Absicht ist positiv. Die Subpersönlichkeit, die die Krankheit produziert, will den Trennungsschmerz bekämpfen, den das Kind empfindet. Das funktionierte ja auch. Aber *sinnvoll* war es deswegen selbstverständlich nicht! Schon damals nicht - aber wie viel weniger, wenn dieselbe Subpersönlichkeit mit ihrer positiven Absicht später, im Erwachsenenleben, wirksam wird!

Doch gerade, wenn wir uns positiv verändern wollen, ist es *unabdingbar,* dass uns die Prinzipielle Positive Absicht unserer Schattenseiten rational und vor allem *emotional* klar ist. Wir müssen in der Lage sein, jeder unserer inneren Persönlichkeiten mit Achtung, Respekt, Verständnis und Liebe gegenüberzutreten. Nur dann können wir erwarten, dass uns Vertrauen, Verständnis und Liebe entgegengebracht werden.

Natürlich - es wäre ja absurd, es zu bestreiten - gibt es Aspekte unserer Persönlichkeit, die uns *heute* nicht (mehr) nutzen, sondern schaden. Doch immer ist es so, dass uns diese heute so negativen Verhaltens-, Denk- und Gefühlsmuster irgendwann einmal in unserer Lebensgeschichte einen Nutzen, und sei er auch noch so kurzfristig, gebracht haben. Oft werden wir nicht mehr herausfinden können, was genau der einstige Nutzen war. Das ist aber auch überhaupt nicht nötig. Es geht nicht um Analysen und rationale Erklärungen: Es geht nur darum, dass wir gefühlsmäßig verstehen und begreifen lernen, dass die Absicht jeder unserer Subpersönlichkeiten positiv ist.

Das Subpersönlichkeiten-Konzept der Personalen Integration macht zunächst einmal klar, wieso es überhaupt solch unterschiedliche Tendenzen in uns gibt. Die Prinzipielle Positive Absicht zeigt darüber hinaus, wie Verhaltens-, Gefühls-, Denk- und Wahrnehmungsmuster so verändert werden können, dass sie der Gesamtpersönlichkeit (und das heißt dann immer auch: dem Ich) förderlich sind – indem nämlich bei jeder Veränderung die positive Absicht einer Subpersönlichkeit berücksichtigt und auf andere, *integrierte* Art und Weise erfüllt wird.

Ein Beispiel: Nehmen wir die schädliche Angewohnheit des Rauchens. Jeder Raucher weiß ganz genau, dass ihm Rauchen schadet, verspürt aber einen schwer überwindbaren Impuls, es dennoch zu tun. In der Personalen Integration würden wir es so betrachten: Eine Subpersönlichkeit, die wir »den inneren Genießer« nennen wollen, hat die Erfahrung gemacht, dass Rauchen entspannt, von unangenehmen Dingen ablenkt, die Arbeit erleichtert und einen angenehmen Bewusstseinszustand herbeiführt. All diese Dinge sind ja durchaus positiv: Die positive Absicht des inneren Genießers, der uns nahe legt zu rauchen, besteht darin, Entspannung und Genuss zu verschaffen.

Jeder Versuch, das Rauchen aufzugeben, ohne diese positive Absicht zu berücksichtigen, wird in aller Regel scheitern müssen, da er auf starken Widerstand des inneren Genießers stößt. Der Genießer will doch nur Gutes: Er will uns entspannen, es uns leichter machen und Stress abbauen. Nun wird er auf einmal mit dem Befehl »Lass das!« konfrontiert. Warum sollte er das tun? Er weiß, dass Entspannung und Genuss wichtig und wertvoll ist. Und das soll er einfach ignorieren?

Mit Gewalt können wir nun, wenn wir über eine starke Willenskraft verfügen, den inneren Genießer zum Schweigen bringen, ihn mit aller Macht unterdrücken und kontrollieren. Dann werden wir das Rauchen aufgeben. Aber um welchen Preis?

Erst einmal raubt es uns Energie, unseren inneren Genießer kleinzuhalten und seine Stimme zu knebeln. Zum zweiten ist es auch so, dass der Genießer dann versuchen wird, andere Wege zu finden, um seine Absichten zu verwirklichen: beispielsweise durch hemmungsloses Essen oder Alkohol. Möglicherweise zeigt sich der unterdrückte Genießer auch in Lustlosigkeit, Depressionen oder körperlichen Krankheiten - er versucht alles, um uns dazu zu zwingen, wieder mehr auf unser Wohlgefühl zu achten.

Wenn wir jedoch die positive Absicht des Genießers berücksichtigen, lässt sich viel mehr erreichen. Wissen wir darüber Bescheid, können wir zum Beispiel durch einen inneren Dialog versuchen, Genussalternativen vorzuschlagen (je nach individuellen Bedürfnissen), ein Einverständnis von innerem Arzt und innerem Genießer herbeizuführen und uns sogar der Hilfe des inneren Genießers bei der Veränderung des Verhaltens »Rauchen« versichern. Das heißt, dass die schädliche Gewohnheit viel leichter aufgegeben werden kann - ja, sie kann sogar unter Umständen sofort verschwinden, wenn die innere Kommunikation wirklich erfolgreich war. Das ist keine Hexerei: Denn wenn der Genießer Alternativen zum Rauchen kennt (nicht nur rational, sondern vor allem emotional) - warum sollte er dann noch rauchen wollen? Das Rauchen ist einfach unnötig geworden.

Es wird also alles leichter, wenn die Prinzipielle Positive Absicht beachtet wird. Und es gibt noch eine weitere, wichtige Konsequenz: Im Gegensatz zu anderen Methoden der Raucherentwöhnung wird durch den inneren Dialog, der die positive Absicht des Teiles in uns berücksichtigt, der das Raucherverhalten aufrechterhält, kein Impuls unterdrückt. Die Verhaltensmöglichkeiten verringern sich nicht, sondern erweitern sich. Und das ist gesundes Wachstum.

Was sind Subpersönlichkeiten »wirklich«?

Ei, bin ich darum achtzig Jahre alt geworden,
dass ich immer dasselbe denken soll? Ich strebe vielmehr,
täglich etwas anderes, Neues zu denken, um nicht langweilig zu werden.
Man muss sich immerfort verändern, erneuen, verjüngen,
um nicht zu verstocken.

zu Friedrich von Müller, 24.4.1830
Johann Wolfgang von Goethe

Insbesondere dann, wenn kritische Denker von dem Subpersönlichkeiten-Modell hören, taucht nicht selten die Frage auf: »Gibt es Subpersönlichkeiten *wirklich*? Ist die Idee von ›kleinen Männchen‹, die in unserem Geist sitzen, nicht nur ein Gedankenspiel ohne *tatsächliche* Entsprechung?«

Diese Frage ist selbstverständlich völlig berechtigt. Die Vorstellung von Subpersönlichkeiten ist eine ungewohnte Vorstellung. Wir sind es ja gewohnt, uns als einheitliches Ich zu betrachten. Nach dem, was Sie bisher gelesen haben, erscheint Ihnen das Subpersönlichkeiten-Konzept hoffentlich schon etwas plausibler. Im Folgenden wollen wir Ihnen zeigen, dass es durchaus auch wissenschaftliche Fakten gibt, die das Subpersönlichkeiten-Modell untermauern.

Eine Ein-Bildung?

Bei der Personalen Integration handelt es sich um eine Sichtweise, die sich eher um Ganzheit als um Analyse bemüht, die mehr Wert auf Verstehen, Einfühlen und übergeordnete Zusammenhänge als auf Messen, Berechnen und das Zerlegen in Einzelheiten legt. Auf der anderen Seite glauben wir, dass es durchaus sinnvoll ist, alles aus mehreren Perspektiven zu betrachten. Jede Perspektive führt zu einer umfassenderen Sicht des Ganzen.

Auch die Sicht des Analysierens und Zerlegens in Einzelheiten! Sind also die Subpersönlichkeiten »tatsächlich« vorhanden, oder sind sie nur »Einbildung«? Die Antwort wird Sie vielleicht überraschen: Beides trifft zu!

Es stimmt, dass wir uns die Subpersönlichkeiten einbilden. Wir machen uns von unseren inneren Vorgängen *ein Bild* – dieses Bild erschaffen wir. Doch wenn wir dies getan haben, ist es tatsächlich in uns. Wir haben es uns ein-gebildet. Wie übrigens auch den Rest der Welt.

GEDANKENSPAZIERGANG

Was bedeutet es für unsere Sicht der Welt, wenn wir wissen, dass die Welt, die wir sehen, erst von unserem Gehirn zu einem Bild zusammengesetzt, also konstruiert wird? Leben wir alle in der gleichen Welt oder jeder in seiner?

Es ist äußerst sinnvoll, hilfreich, nützlich und wertvoll, sich Subpersönlichkeiten einzu*bilden*.

Ein Bild sagt mehr als Worte

Vergessen Sie erst einmal alles, was wir über Subpersönlichkeiten gesagt haben. Wenn Sie in diesem Moment nach innen schauen oder auch nur darüber nachdenken, was in Ihrem Geist ist, finden Sie Gedanken, Erinnerungen, Gefühle, Bilder, Worte, Farben, Klänge, Ideen, Einstellungen, Motive, Verhaltensweisen, Fähigkeiten usw. Wir können auf dieser Ebene versuchen, uns selbst, unser Verhalten und unsere Probleme zu verstehen. Tatsächlich tun das ja die meisten Menschen – und in der Regel auch die Psychologie.

Was bringt es nun, diese Gefühle, Erinnerungen usw. zu bestimmten Mustern (Subpersönlichkeiten) zusammenzufassen? Ist das nicht etwas Unnötiges, Künstliches? Mit ein paar kleinen »Experimenten« lässt sich das klären.

Versuchen Sie, sich die folgende Liste mit Begriffen beim ersten Lesen zu merken:

- 2 große, lederartige Lappen
- 1 schlauchförmiges Teil
- 2 harte, längliche, spitz zulaufende Teile
- viele kleine Borsten
- Trompetenklänge
- 4 säulenartige Gebilde
- 1 Art Peitsche mit Quaste

Vielleicht konnten Sie sich tatsächlich alles merken. Aber was, wenn doppelt so viele Begriffe aufgeführt worden wären? Möglicherweise ist aber schon bei diesen wenigen Worten ein Bild in Ihrem Geist aufgetaucht, das all die oben genannten Dinge in einem Wort zusammenfasst: *Elefant*. Ist es nicht erstaunlich, wie viel leichter es fällt, sich ein komplexes Bild, das viele verschiedene Begriffe beinhaltet, zu merken und mit anderen Bewusstseinsinhalten zu verbinden?

Dasselbe ist der Fall, wenn wir ganz im Visuellen bleiben. Versuchen Sie, mit einem einzigen Blick festzustellen, wie viele Linien in der folgenden Abbildung zu sehen sind:

Ist Ihnen das schwer gefallen? Haben Sie länger als eine Sekunde benötigt? Falls ja, sehen Sie nun, wie viel einfacher es sein kann, die Linien zu zählen – und sich dabei sogar noch die Zusammenhänge der Linien zu merken: In der folgenden Abbildung gibt es nämlich genau so viele Linien wie in der ersten Abbildung. Und wahrscheinlich können Sie mit einem einzigen Blick erkennen, wie viele es sind – ja, Sie können das Bild vielleicht sogar sofort aus dem Gedächtnis nachzeichnen.

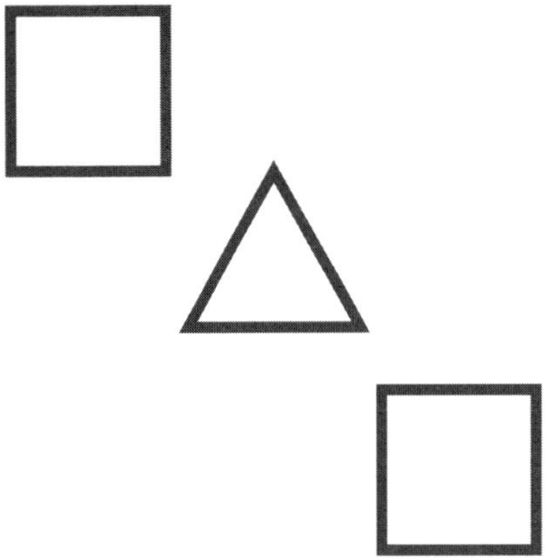

Nun stellen Sie sich die Linien als Metaphern für Ihre Gedanken, Gefühle, Erinnerungen usw. vor – und Sie erkennen unmittelbar, dass es sehr wohl sinnvoll sein kann, bestimmte Gedanken, Gefühle und Erinnerungen »zusammenzufassen« – nämlich als eine Subpersönlichkeit!

Indem Sie das tun, ordnen Sie sozusagen Ihre verschiedenen Gefühle, Erinnerungen usw. in einer Art und Weise, die es Ihnen erleichtert, Zusammenhänge zu erkennen, eine große Anzahl verschiedener geistiger Inhalte mit einem Bild aufzurufen und zu bearbeiten und den Überblick über die unendliche Vielfalt Ihrer seelischen Vorgänge zu gewinnen und zu behalten. Sie gewinnen Klarheit und Einsicht.

Unbewusste Arbeit

Es wäre vermessen zu glauben, dass wir allein durch bewusste Tätigkeit, durch das sinnvolle Organisieren unterschiedlicher geistiger »Bewegungen« unser Unterbewusstsein »aufräumen« könnten. Das ist nicht möglich – zu viele Bewegungen finden unterhalb der Bewusstseinsschwelle statt. Doch unser Unterbewusstsein ist keineswegs ein passiver Speicher. Nicht im Mindesten! *Es* arbeitet in unserem Unterbewusstsein. Schon durch eine kleine Anregung kommt ein komplexer Prozess in Gang. Eine solche Anregung kann beispielsweise der Versuch sein, sich an seinen letzten Urlaub zu erinnern. Sobald Sie das tun, tauchen Bilder, Erinnerungen, Gerüche, Farben, Gedanken und Gefühle auf – dabei müssen Sie nicht etwa jedes Bild, jede Erinnerung, jedes Gefühl einzeln aus Ihrem Gedächtnis hervorkramen. Es geschieht einfach.

Betrachten Sie einmal die folgende Abbildung genau. Was sehen Sie? Versuchen Sie nicht, zu analysieren, sondern stellen Sie nur fest, was Sie sehen.

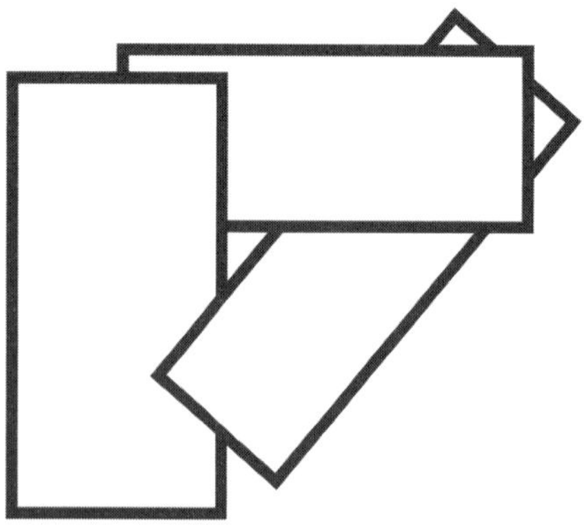

Die Aufgabe war ja nicht allzu schwer. Sie können sofort drei Rechtecke erkennen, die sich teilweise überschneiden. Sie erkennen also diese Rechtecke:

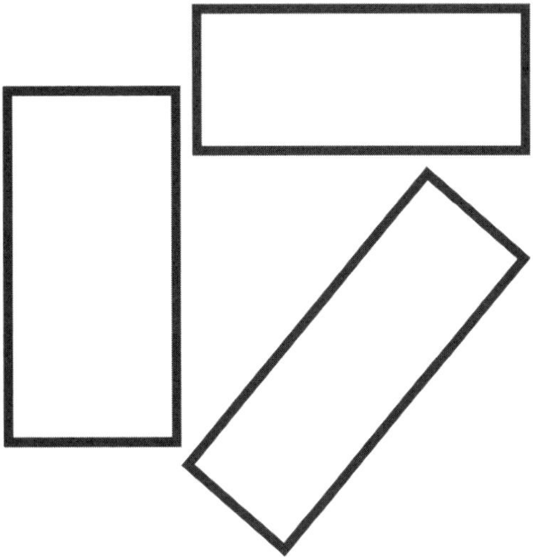

Sie erkennen die Rechtecke - obwohl Sie sie *nicht* gesehen haben. Sie haben lediglich ein kompliziertes Liniengeflecht gesehen. Tatsächlich war in der ersten Abbildung nicht ein einziges Rechteck vollständig! Die folgende Abbildung zeigt die Linien, die Sie wirklich *gesehen* haben (schwarz) und die Linien, die Sie nicht gesehen, aber erkannt haben (grau).

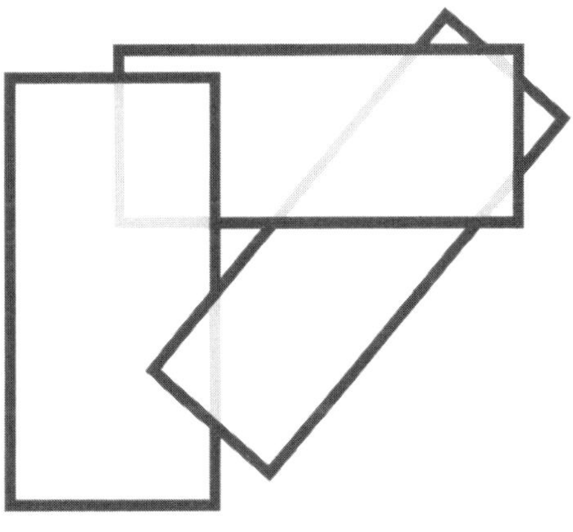

Die grauen Linien waren nirgendwo »wirklich« vorhanden. Aber Ihr Unterbewusstsein hat aktiv nach sinnvollen Zusammenhängen gesucht. Ihrem Bewusstsein wurde dann ein sinnvoll ergänztes Bild präsentiert: drei Rechtecke. Auch jetzt, wenn Sie noch einmal zum ersten Bild zurückgehen und versuchen, wirklich nur die sichtbaren Linien zu sehen, wird es Ihnen sehr schwer fallen, etwas anderes als drei Rechtecke zu erkennen.

? GEDANKENSPAZIERGANG

Was bedeutet es für unsere Wahrnehmung von anderen Menschen, dass wir etwas erkennen, das nicht da ist?

Für unser Subpersönlichkeiten-Modell hat das eben Geschilderte ein paar wichtige Konsequenzen:

1. Die Subpersönlichkeiten sind zunächst einmal *zusammengehörige* Gedanken, Gefühle, Erinnerungen usw.
2. Durch den Gedanken an Subpersönlichkeiten lösen Sie in Ihrem Unterbewusstsein einen Prozess aus, der Ihre Gedanken, Gefühle usw. in eine sinnvolle *Gestalt* bringt.
3. Im Laufe dieses Prozesses werden fehlende, verloren gegangene, tief im Unterbewussten verborgene Aspekte ergänzt. Die Subpersönlichkeit beginnt zu *leben*.

Die wichtigsten Subpersönlichkeiten

Unsere Subpersönlichkeiten sind immer etwas ganz Persönliches. Sie sind Geschöpfe unserer ganz individuellen Lebensgeschichte. Da wir als Menschen jedoch vieles gemeinsam haben – das, was uns als Menschen kennzeichnet –, gibt es auch einige Subpersönlichkeiten, die wir alle haben, wenn sie sich auch in unserer ganz eigenen Art und Weise ausdrücken.

Liste der wichtigsten Subpersönlichkeiten

Familien-Subpersönlichkeiten	Archetypische Subpersönlichkeiten	Funktionelle Subpersönlichkeiten	Individuelle Subpersönlichkeiten
Inneres Kind	König/Königin	Innerer Arzt	Innerer Freund
Vater	Magier/Hexe	Träumer	
Mutter	Narr	Realist	
Großmutter	Tod	Kritiker	
Großvater	Weiser/Weisheit	Historiker	
Bruder/Schwester	Liebende(r)	Schauspieler	
Zwilling	Spirituelles Selbst	Moderator	

Wir haben in jeder Spalte der Tabelle einige Plätze frei gelassen. Dort können Sie weitere für Sie persönlich wichtige Subpersönlichkeiten eintragen - insbesondere natürlich in der letzten Spalte, die für Subpersönlichkeiten reserviert ist, die in keine allgemeine Kategorie passen, sondern für Sie individuell ganz besonders bedeutsam sind. Denken Sie jedoch daran, dass letztendlich jede einzelne Subpersönlichkeit ein Teil Ihres einmaligen Ichs, Ihres Selbst ist.

Im Folgenden gehen wir in Stichworten auf einige der wichtigsten Subpersönlichkeiten ein, womit wir sie natürlich keineswegs abschließend beschreiben oder gar »definieren«. Es geht lediglich um ein paar Anregungen, die es Ihnen erleichtern können, sich ein eigenes Bild Ihrer Persönlichkeitsteile zu machen. Ausführlicher gehen wir auf diese Subpersönlichkeiten ab Seite 89 ein.

Familien-Subpersönlichkeiten

Die Familien-Subpersönlichkeiten sind sozusagen unsere »verinnerlichten« Familienmitglieder. Als Kinder ist für uns alles, was Menschen – insbesondere die Eltern – sagen, eine unumstößliche Wahrheit. Wir nehmen die Ermahnungen des Vaters oder die Aussagen unserer Mutter über uns und die Welt in uns auf. Als Kinder sagen wir: »Das ist so und so, *weil es mein Vater gesagt hat.*« Wenn wir älter werden, sagen wir das nicht mehr. Wir haben es verinnerlicht. Solche Dinge leben in unserem Unterbewusstsein weiter – und treten als unsere persönlichen Ansichten, Meinungen und Vorstellungen in unser Bewusstsein. Natürlich sind sie das in gewisser Weise auch. Aber es ist wichtig, dass wir uns darüber im Klaren sind, dass die seinerzeit prägenden Aussagen *innere Eltern-Persönlichkeiten* geformt haben, aber nicht wirklich unsere Eltern sind. Ebenso prägend wie die Eltern können auch Großeltern oder Geschwister sein. Und wie auch immer der Kontakt zu ihnen in der Kindheit war (aufbauend oder im schlimmsten Fall sogar schädigend) – die »inneren Verwandten« verfolgen stets eine positive Absicht und bestimmen unser Verhalten und Befinden. Wenn wir unsere Vergangenheit klären und Konflikte lösen wollen, spielen diese Subpersönlichkeiten eine besondere Rolle – allen voran das innere Kind.

Der Vater: Hinter dieser Subpersönlichkeit steht unser Vater. Nicht etwa, wie er »tatsächlich« ist oder war, sondern wie wir ihn als Kind wahrgenommen haben. Der innere Vater ist aber auch der Vater im weiteren Sinne – der Bestimmende, Beherrschende, im Positiven wie im Negativen.*

Die Mutter: Die Mutter ist in der Regel die intimste Vertrauens- und Bezugsperson der frühen Kindheit; die Ernährerin und Schützerin, die erste Lehrerin, im Guten wie im Schlechten. Die Subpersönlichkeit der Mutter hat meist etwas mit den Themen Urvertrauen und Liebesfähigkeit zu tun.

Das innere Kind: Diese - vielleicht wichtigste - Subpersönlichkeit nimmt eine Sonderstellung ein. Das innere Kind ist der kindliche (und manchmal kindische) Teil unserer Persönlichkeit, der verletzlich und formbar, kreativ und neugierig ist. Emotionale Verletzungen in unserer Kindheit wirken sich zu einem großen Teil auf das innere Kind aus. Die Arbeit mit dem inneren Kind ist daher in den meisten Fällen besonders wichtig.

Archetypische Subpersönlichkeiten

Die archetypischen Subpersönlichkeiten sind Urmuster, die das Erbe unserer gesamten Kultur ausmachen. Sie spielen eine wichtige Rolle für unsere Werte und unsere Sichtweise der Welt. Sie stehen für Prinzipien, die in jedem Leben eine Rolle spielen. Dabei ist es wiederum wichtig, zu verstehen, dass auch die archetypischen Subpersönlichkeiten nicht klar definiert, festgelegt und bei jedem Menschen gleich sind. Nur das Prinzip, für das sie stehen, ist bei jedem Menschen gleich - aber auch sie sind individuelle Teile unseres Unterbewussten und auch auf sie trifft die Regel der Prinzipiellen Positiven Absicht zu.

Der König/Die Königin: Der König/die Königin ist die übermächtige, unangreifbare Leitfigur, die weit entfernt scheint, aber die weltlichen Aspekte unseres Lebens bestimmt. Diese

* Dieser Beschreibung liegt das alte Rollenverständnis von Vater und Mutter zugrunde. Genauer könnte man diese Subpersönlichkeit als »erste Autoritätsperson« bezeichnen.

Subpersönlichkeit ist die Quelle starker Emotionen, die Liebe und Hass gleichermaßen wecken kann. Die Emotionen sind jedoch kontrolliert und werden eingesetzt, um Macht über andere zu gewinnen oder zu erhalten.

Der Magier/Die Hexe: Diese Subpersönlichkeit ist jener Teil unseres Unterbewussten, der ganzheitlich und »magisch« denkt, fühlt und handelt. Sie ist auch die Quelle unserer Intuition, die alle Möglichkeiten des Unterbewusstseins nutzt und uns mit überraschenden, nichtlogischen Informationen versorgt.

Der Narr: Der Narr ist der wirklich freie Teil unseres Selbst, der unabhängig von Konventionen, Erfahrungen, Logik und Rationalität agiert. Der Narr ist nicht unbedingt lustig – aber er wirkt oft nach außen hin so. Seine »Späße« können aber auch erschreckend auf uns selbst oder andere wirken, weil sie sich gegen die anerkannten Normen richten.

Der Tod: Dieser Teil von uns gehört zu jenen, die von unserem bewussten Selbst oft stark abgewehrt werden, sodass nur selten seine Stimme zu hören ist. Diese Subpersönlichkeit ist sich der Begrenztheit und Endlichkeit alles Seienden bewusst – sie kann starke Energien, negative wie positive, freisetzen. Auch wenn die meisten von uns diese Subpersönlichkeit fürchten und abwehren, kann sie auch die Quelle tiefen Friedens sein.

Der Weise/Die Weisheit: Auch dieser Teil lebt in jedem von uns. Diese Subpersönlichkeit weiß, worum es im Leben wirklich geht. Sie kann, auch wenn wir in tiefen Krisen stecken, über den Dingen stehen und uns Ruhe und Erkenntnis vermitteln.

Die/Der Liebende(r): In dieser Subpersönlichkeit finden alle unsere Vorstellungen von Liebe Ausdruck. Es geht dieser Subpersönlichkeit nicht um Sex, Eifersucht, Macht, sondern um wahre, bedingungslose Liebe. Sie ist die Quelle all unserer liebevollen Gefühle.

Das Spirituelle Selbst: Menschen, die mit ihrem Spirituellen Selbst in Verbindung treten können, sind auf ihrem Weg schon ein ganzes Stück vorangekommen. Die Stimme des Spirituellen Selbst ist meist sehr leise – aber wenn sie erklingt, ist sie unverwechselbar, voller Freude und Heiterkeit.

Funktionelle Subpersönlichkeiten

Diese Subpersönlichkeiten sind Teile unserer selbst, die bei bestimmten Übungen der Personalen Integration eine zentrale Rolle spielen. Sie haben ganz spezielle »Funktionen«. Mit diesen Subpersönlichkeiten in Kontakt zu kommen ist besonders wichtig, wenn wir unser Potenzial kennen lernen und unsere verborgenen inneren Kräfte wecken wollen.

Der innere Arzt: Unsere »Körperweisheit« – die Kraft in uns, die unsere Selbstheilungskräfte lenkt. Diese Subpersönlichkeit hat den besten Kontakt zum Tiefenbewusstsein. Ein mächtiger innerer Arzt kann sogar Krebs heilen und ist für Spontanremissionen verantwortlich. Viele schwere Krankheiten zeigen, dass der innere Arzt unterdrückt wird – oft sagt er nämlich unangenehme Wahrheiten.

Der Träumer: Der Teil in uns, der kreativ und fantasievoll ist, der nicht logisch sein muss, der viel in Bildern denkt, der kindlich-verspielt und sorglos ist. Die Subpersönlichkeit des Träumers vertritt unsere tiefsten Ideale und innersten Wünsche.

Der Realist: Der Teil in uns, der ruhig und besonnen überlegt, wie die Dinge funktionieren, der über Wissen verfügt und die sinnvolle Reihenfolge einer Handlung überwacht. Die wichtigste Aufgabe des Realisten ist, uns vor Enttäuschungen zu schützen. Da wir immer wieder mit Enttäuschungen konfrontiert werden, ist der Realist oft übermächtig – so mächtig, dass er nicht selten den größten Teil des Selbst bestimmt.

Der Kritiker: Der Teil in uns, der scharfsinnig ist und Schwachpunkte an Menschen und Situationen erkennt. Der innere Kritiker ist sehr flexibel – mal kann er sehr konservativ sein, dann wieder sehr unkonventionell. Der Kritiker ist ein Meister der Ironie und gerne auch etwas spöttisch. Nicht selten arbeiten der Kritiker und der Realist so eng zusammen, dass wir sie kaum unterscheiden können. Das ist jedoch wichtig, weil der Kritiker eben gerade nicht realistisch ist, sondern gezielt nach Schwachpunkten sucht und notfalls auch solche konstruiert. Obwohl der Kritiker durch seinen Scharfsinn eine sehr wertvolle Subpersönlichkeit sein kann, wirkt er, wenn wir ihn nicht als Kritiker anerkennen und seinen Humor würdigen, oft fatal auf unser Selbstbewusstsein.

Der Schauspieler: Der spielerische Teil in uns, der uns hilft, unbekannte Situationen zu bewältigen, indem er einfach so tut als ob ... Den inneren Schauspieler zu entdecken, kann unser Leben sehr bereichern und unsere Möglichkeiten enorm erweitern. Am Anfang wichtiger Veränderungen nimmt oft der Schauspieler die Dinge in die Hand.

Der Historiker: Der Teil in uns, der Erfahrungen sammelt, ohne zu bewerten und zu beurteilen. Wenn wir unsere Vergangenheit bearbeiten wollen, ist der Historiker von unschätzbarem Wert.

Der Moderator: Dieser Teil in uns verzichtet auf Wertungen und hat dadurch einen besseren Kontakt zu den anderen Subpersönlichkeiten. Der Moderator ist in der Personalen Integration von zentraler Bedeutung – in der Therapie oder in der Gruppenarbeit ist er natürlich keine Subpersönlichkeit, sondern der Gruppenleiter, der Begleiter oder Therapeut. Wenn wir jedoch ohne Begleiter mit unseren Subpersönlichkeiten arbeiten wollen, müssen wir den Moderator unbedingt kennen lernen. Wenn der Moderator aktiv ist, schweigt das Ich – denn der Moderator ist ein Zwillingsbruder des Ich: Aber er urteilt nicht.

Individuelle Subpersönlichkeiten

Immer dann, wenn es um persönliche Konflikte geht, wenn wir vor schwierigen Entscheidungen auf unserem Lebensweg stehen, sind in der Regel Subpersönlichkeiten beteiligt, denen wir individuelle Namen geben müssen. Es dürfte einleuchten, warum wir hier keine Beschreibungen vornehmen. Denn nur Sie selbst können herausfinden, welche Subpersönlichkeiten nur für Sie zutreffen. Aber eine äußerst wichtige individuelle Subpersönlichkeit möchten wir dennoch nennen, da sie bei jedem Menschen aktiv werden sollte: der innere Freund (siehe auch Seite 90 ff.). Der innere Freund sind Sie selbst - ohne negative Selbstbewertungen. Und Sie sind eben einmalig und individuell.

Wir werden Ihnen im Praxisteil ab Seite 63 dieses Buches zeigen, wie Sie noch viele andere Ihrer individuellen Subpersönlichkeiten erkennen und kennen lernen können.

Multiple Persönlichkeiten

Krankheit lässt den Wert der Gesundheit erkennen,
das Böse den Wert des Guten, Hunger die Sättigung,
Ermüdung den Wert der Ruhe.

Heraklit

Wenn wir uns das Subpersönlichkeiten-Modell betrachten, könnten wir uns vorstellen, dass verschiedene Subpersönlichkeiten ihre Kommunikation miteinander abbrechen. Wenn diese Subpersönlichkeiten beide etwa gleich stark sind und in die Bewusstseinsschicht vordringen, müsste das Ergebnis ein Zustand sein, bei dem das Ich radikal zwischen zwei (oder mehr) Zuständen hin und her wechselt. Dieser Mensch ist dann nicht mehr *eine* Person, sondern zwei Persönlichkeiten, die ganz verschiedene Erinnerungen, Motive, Einstellungen, Vorlieben und Abneigungen, Gefühle und Gedanken haben.

Dieses Phänomen ist der klinischen Psychologie als das »Multiple-Persönlichkeit-Syndrom« (MPS) bekannt. Eine solche Störung ist relativ selten, aber in den letzten Jahrzehnten immer häufiger beobachtet worden. Das MPS ist eine so genannte »*dissoziative Störung*, bei der Identität, Gedächtnis und Bewusstsein wesentlich beeinträchtigt sind.«

Wenn sich bei der Multiplen Persönlichkeit beispielsweise zwei Subpersönlichkeiten einen Körper teilen, kommt es zwangsläufig zu Problemen: Die eine Subpersönlichkeit weiß nichts von der anderen. Wenn die eine aktiv ist, ist die andere vom Bewusstsein dissoziiert und umgekehrt. Jede der beiden Persönlichkeiten erlebt etwas Unheimliches: Ihr Körper scheint selbstständig Dinge zu tun, von denen die Person nichts weiß. In der Erinnerung finden sich unerklärliche Lücken. Fremde Menschen sprechen einen als Freunde an. Das Gefühl für die eigene Identität beginnt zu wanken.

Dissoziation als Fähigkeit

Die Erfahrung der Integrität ist eminent wichtig für die psychische Gesundheit. Nur wer die verschiedenen Aspekte des Selbst sinnvoll aufeinander beziehen kann, kann gesund, zufrieden und erfüllt leben.

Wie bereits erwähnt, wird das Subpersönlichkeiten-Modell mitunter mit dem Hinweis auf die Multiple Persönlichkeit kritisiert. Dahinter scheint die Vermutung zu stehen, dass das Dissoziieren (also das Abtrennen von einzelnen Bewusstseinsinhalten) schon etwas Krankhaftes sei. Auch bei extremen psychischen Belastungen (beispielsweise Missbrauch) trennen Betroffene manchmal die negativen Erlebnisse vom Bewusstsein ab – sie können sich dann an den Vorfall nicht mehr erinnern.

Solche Phänomene zeigen deutlich, dass Dissoziieren eine natürliche Fähigkeit ist, die in Notfällen ganz automatisch aktiviert wird. Da das Dissoziieren in diesen Fällen unbewusst stattfindet, treten in der Folge oft Probleme auf. Die abgetrennten Bewusstseinsinhalte wurden sozusagen in eine Kammer gesperrt und der Schlüssel versteckt. Aber auch dem lag eine positive Absicht zugrunde: Die belastenden Gefühle wären in jenem Moment nicht zu ertragen gewesen. Die Schwierigkeit ist nur, dass die Betroffenen später keine Möglichkeit mehr haben (zumindest nicht so ohne weiteres), bestimmte Erinnerungen - auch wenn sie lebenswichtig für sie wären - abzurufen.

Bei der Personalen Integration dissoziieren wir bewusst. Wir nutzen die Fähigkeit unseres Geistes nicht nur auf einer Ebene, um linear zu arbeiten. Und auch wenn wir mit unseren Subpersönlichkeiten arbeiten, bleiben wir immer wir selbst - wir erweitern unsere Möglichkeiten, lernen uns immer besser kennen und finden so immer mehr zu uns selbst. Wir fördern die Kommunikation unserer Subpersönlichkeiten untereinander und mit dem Bewusstsein. Der voll integrierte Mensch, der das Ideal der Persönlichen Integration ist, ist das direkte Gegenteil einer Multiplen Persönlichkeit: Während dort die Kommunikation zwischen den Subpersönlichkeiten abgebrochen wurde und die Identität gestört ist, kommunizieren die Subpersönlichkeiten des voll integrierten Menschen auf ideale Weise miteinander und machen ihm seine einzigartige, vielschichtige Identität ganz und gar bewusst.

? GEDANKENSPAZIERGANG

Wie würde sich der ideale, voll integrierte Mensch in Situationen verhalten, die für Sie sehr schwierig sind? Was würde er fühlen, was denken, was tun?

Die Kräfte bündeln

Sammle dich zu jeglichem Geschäfte,
nie zersplittere deine Kräfte!

Friedrich von Bodenstedt

Das Ziel der Personalen Integration besteht darin, Subpersönlichkeiten, die in Konflikt zueinander stehen, miteinander auszusöhnen und zwischen ihnen zu vermitteln, sie also in die Gesamtpersönlichkeit zu »integrieren«. Diese Vermittlung kann auf unterschiedlichen Ebenen geschehen.

Auf der *kognitiven Ebene* findet die Veränderung über unseren Verstand statt. Wir klären die Dinge verbal und haben bewusste Einsichten. In der Personalen Integration findet beim **inneren Dialog** (Subpersönlichkeiten-Dialog, SP-Dialog) eine solche kognitive Umstrukturierung statt (siehe Seite 74 ff.). Wir sprechen dabei mit unseren Subpersönlichkeiten und vermitteln Verständnis durch das Miteinander-Reden.

Auf der *Verhaltensebene* ist Veränderung besonders wichtig - schließlich wollen wir ja letztendlich unser Verhalten, ob nun äußeres oder inneres Verhalten, verändern. Verhaltensveränderungen, die über den Verstand laufen, funktionieren jedoch nicht. In der Personalen Integration treten wir sozusagen direkt mit dem Verhalten in Verbindung. Dazu dient die **Body-Mnemonics**-Methode (Seite 166 ff.). Dabei nähern wir uns unseren Subpersönlichkeiten, indem wir unseren Körper einsetzen.

Die wichtigste Ebene ist jedoch immer die *emotionale Ebene*. Ohne Bewegung auf dieser Ebene kann keine Veränderung stattfinden. Alle Methoden der Personalen Integration sprechen deshalb immer auch die Gefühlsebene an. Auch wenn die Dialog-Methode zunächst rational und kognitiv und die Body-Mnemonics-Methode erst einmal rein körperlich und kinästhetisch abläuft, so besteht doch immer eine Verbindung zu den Gefühlen. Die zentrale Methode der Personalen Integration ist jedoch die **Subpersönlichkeiten-Aufstellung** (SP-Aufstellung), bei der Gefühle und emotionale Beziehungen direkt aktiviert werden (Seite 140 ff.).

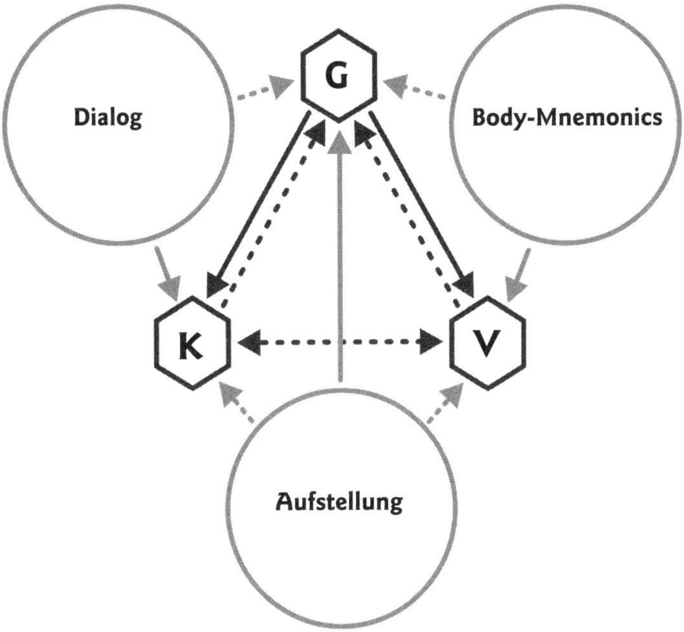

G - Gefühlsebene
K - Kognitive Ebene
V - Verhaltensebene

Die drei Haupttechniken der Personalen Integration sind also:

- Die Methode des *inneren Dialogs*, der SP-Dialog, bei dem wir unterschiedliche Subpersönlichkeiten miteinander kommunizieren lassen, die Konflikte miteinander haben oder nach Unterstützung anderer Subpersönlichkeiten suchen.

- Die *SP-Aufstellung*, bei der – ähnlich wie in der Familienaufstellung – die wichtigsten Subpersönlichkeiten ihre Beziehung räumlich darstellen, ihre emotionale Bedeutung erfahren und transformieren können.
- *Body-Mnemonics*, eine Methode, die die assoziativen Verknüpfungen kinästhetischer und emotionaler Zustände nutzt.

Welche dieser Methoden eingesetzt wird, hängt von mehreren Faktoren ab. Am wichtigsten ist jedoch eines: dass wir Zugang zu unseren Subpersönlichkeiten finden. Und dazu ist wichtig, dass wir uns mit dem, was wir tun, wohl fühlen. Dabei gibt es individuelle Unterschiede. Manchen Menschen fällt es besonders leicht, über den Verstand zu arbeiten, anderen ist gerade das unangenehm und sie vertrauen eher auf ihren Körper. Und wieder andere treten am liebsten gleich mit ihren Gefühlen in Verbindung.

GEDANKENSPAZIERGANG

Fühlen Sie sich wohler, wenn viel erklärt wird, oder verzichten Sie lieber auf Erklärungen und machen Erfahrungen lieber körperlich, oder ist es für Sie unverzichtbar, dass Ihre Gefühle Ihnen eine positive Rückmeldung geben?

Jede der drei Methoden hat ihre Stärken – und demzufolge auch ihre Schwächen. Am sinnvollsten ist es daher natürlich, alle drei Möglichkeiten zu nutzen, um uns dem Ideal der Personalen Integration zu nähern: dem selbstbestimmten, freien, voll integrierten Menschen, bei dem Verstand und Gefühl keine sich widersprechenden, sondern ergänzende Energien sind, dessen Kräfte in Liebe und Freundschaft zusammenarbeiten und der sein ganzes, unvorstellbares Potenzial verwirklicht.

Teil 2

Sprechen, Handeln, Fühlen

Kontakt aufnehmen

Was Not tut, ist nicht der Wille zu glauben,
sondern der Wille zu entdecken,
also genau das Gegenteil.

Skepsis
Bertrand Russell

Theoretisch wissen Sie nun, was wir unter Subpersönlichkeiten verstehen, warum wir es für sinnvoll halten, mit unseren Subpersönlichkeiten zu arbeiten und wie wir uns die Struktur unseres Geistes vorstellen können. Die Theorie ist wichtig, um zu verstehen, warum die Personale Integration ein wertvolles Werkzeug zur Selbsterkenntnis, zur Bewältigung von Problemen und zur Erweiterung unserer Möglichkeiten ist. Doch kann eine Theorie eben nur beim Verstehen helfen. Was nur im Theoretischen bleibt, ist ohne Leben und kann keine wirkliche Veränderung bewirken.

Von nun an wird es darum gehen, wie Sie die Theorie praktisch anwenden, wie Sie Ihre Subpersönlichkeiten kennen lernen, wie Sie mit ihnen kommunizieren und diese Kommunikation nutzen können.

Alle Methoden sind in diesem Buch so dargestellt, dass Sie ohne fremde Hilfe mit ihnen arbeiten können. Ursprünglich haben wir die Personale Integration jedoch für die persönliche Beratung und zum Coaching sowie für die Gruppenarbeit entwickelt. Das mag mitunter der Grund dafür sein, dass Ihnen manche Übungen nicht auf Anhieb leicht fallen – denn es ist einfacher, einen *inneren Dialog* zu führen, wenn ein Begleiter (Therapeut, Coach, Berater) diesen Dialog moderiert und über Schwierigkeiten hinweghilft. Dasselbe gilt für die *Body-Mnemonics.* Auch hier ist ein erfahrener Begleiter oft von großem Wert. Am meisten jedoch gilt das für die *Subpersönlichkeiten-Aufstellung,* die eigentlich für die Gruppenarbeit konzipiert wurde. Die Ideen, Energien und Impulse, die von einer Gruppe ausgehen, fehlen natürlich, wenn Sie allein arbeiten.

Und doch ist es möglich, dass Sie auch allein große Fortschritte machen. Manches wird Ihnen schwerer, manches sehr leicht fallen. Hauptsache, Sie lassen sich nicht entmutigen – die Erfahrung zeigt, dass beinahe jeder mit den Übungen, die wir in diesem Buch vorstellen, zurechtkommen kann, wenn er etwas Geduld daran setzt. Es gibt zwei Wege, wie Sie es sich leichter machen können:

Erstens: Probieren Sie die Übungen alle aus, aber konzentrieren Sie sich dann erst einmal nur auf die, die Ihnen auf Anhieb leicht fallen. Vielleicht sind Sie es gewohnt, viel über den Verstand zu arbeiten – dann wird Ihnen vermutlich der *innere Dialog* besonders leicht fallen. Vielleicht sind Sie ein sehr körperorientierter Mensch – dann spricht Sie vielleicht *Body-Mnemonics* am meisten an. Es ist nichts verkehrt daran, wenn Sie Ihre Stärken nutzen!

Zweitens: Sie können gemeinsam mit Freunden üben. Insbesondere bei der Subpersönlichkeiten-Aufstellung bietet sich das an. Sie machen es sich leichter, wenn Sie spielerisch an die Aufstellung herangehen. Es ist nicht nötig und sinnvoll, gleich die schwersten Probleme und tiefsten Verletzungen in einer Gruppe aufzuarbeiten. Die spielerische Aufstellung der Subpersönlichkeiten mit Freunden ist nicht nur eine interessante Möglichkeit der Selbsterfahrung, sondern sie kann sogar sehr viel Spaß machen. Es ist nichts verkehrt daran, wenn Sie gemeinsam mit Freunden lachen!

Wenn Sie als Paar oder mit einer Gruppe arbeiten wollen, finden Sie im letzten Kapitel dieses Buches, in dem die Methoden für Seminarleiter, Therapeuten und PI-Begleiter (Therapeuten, die mit der Personalen Integration arbeiten) dargestellt werden, weitere Hinweise und Tipps.

Entdecken Sie Ihre Subpersönlichkeiten

Wir entdecken mehr, sind wir vorher gewiss,
dass wir entdecken müssen. (Domingo)

Don Karlos II, 10
Friedrich von Schiller

In der Übersicht auf Seite 49 sind bereits einige Subpersönlichkeiten genannt worden: familiäre, archetypische und funktionelle. Und vielleicht hatten Sie schon beim ersten Lesen das Gefühl: Ja – die kenne ich! Möglicherweise ist Ihnen beispielsweise die Arbeit mit dem inneren Kind vertraut. Auch der Kritiker ist vielen Menschen bekannt, aber meist nicht sehr beliebt.

Eine Spalte ist – mit einer Ausnahme – leer geblieben: die mit Ihren individuellen Subpersönlichkeiten. Nur der innere Freund taucht dort bereits auf. Über ihn werden wir noch ausführlich sprechen (Seite 90 ff.). Zunächst wollen wir Sie jedoch einladen, die Vielzahl Ihrer inneren Stimmen zu entdecken. Das kann eine spannende Entdeckungsreise sein, denn wir sind es ja nicht gewohnt, mit mehreren Stimmen zu sprechen – und das auch noch mit uns selbst ... Doch im Grunde führt ja ohnehin jeder Mensch innere Dialoge. Meist nennen wir das: Denken. Manchen Menschen ist es aber gar nicht bewusst, dass sie beim Denken in der Regel Selbstgespräche führen.

Probieren Sie doch einmal etwas, was Sie ohnehin oft tun – denken Sie über ein Thema nach, das Sie beschäftigt. Machen Sie nur eines anders als sonst: Beobachten Sie sich selbst, was Sie dabei tun. Hören Sie sich also sozusagen selbst beim Denken zu.

Ist Ihnen irgendetwas dabei aufgefallen?

Vielleicht noch nicht. Aber überlegen Sie einmal: Wer hat jetzt wem beim Denken zugehört? Lassen Sie sich nicht verwirren. Registrieren Sie einfach, dass zumindest zwei Instanzen Ihres Ich aktiv waren: ein Teil, der dachte und ein Teil, der diesen Teil beobachtete. Diese Subpersönlichkeit werden Sie später noch genauer als den *Moderator* kennen lernen. Nun wird es aber noch interessanter: Im Folgenden wollen wir Ihnen ein paar Übungen anbieten, die Sie mit einigen Ihrer ganz individuellen Subpersönlichkeiten bekannt machen werden.

Der Weg zu uns selbst

Wir entdecken in uns selbst, was die anderen uns verbergen,
und erkennen in anderen, was wir vor uns selber verbergen.

Reflexionen
Luc de Clapier Vauvenargues

Beginnen wir mit etwas, das nicht nur interessant, sondern auch angenehm und ganz frei von irgendwelchen negativen Gefühlen ist. Stellen Sie sich die Frage: »Was tue ich gern?«

1. ____________________

2. ____________________

3. ____________________

4. usw. ____________________

Das könnte beispielsweise sein:

1. Ich gehe gern mit Freunden aus.
2. Ich lese gern.
3. Ich schmuse gern mit meinem Partner.

Was Sie gern tun, kann ganz unterschiedlich sein. Denn all das hängt mit unterschiedlichen Motiven, Werten, Erinnerungen, Gefühlen, körperlichen Aktivitäten und Gedanken zusammen. Hören Sie nun ganz aufmerksam in sich hinein und beobachten Sie, welcher Teil von Ihnen jede einzelne dieser Tätigkeiten bevorzugt. Sie werden feststellen, dass bei jeder dieser Vorlieben unterschiedliche Dinge in Ihr Bewusstsein treten. Tatsächlich sind Sie in gewisser Weise jemand anderes, wenn Sie lesen oder wenn Sie mit Freunden ausgehen. Je unterschiedlicher die Tätigkeiten sind, desto klarer können Sie erkennen, dass ein bestimmter Teil in Ihnen aktiv ist – jedes Mal »spricht« eine andere Subpersönlichkeit.

Lassen Sie uns nun ein wenig tiefer gehen. Fragen Sie sich: »Was tue ich wirklich gern? – Was tue ich tatsächlich?«

Was tue ich wirklich gern?	*Was tue ich tatsächlich?*

Es ist natürlich möglich, dass Sie auf beide Fragen dieselbe Antwort geben. Wunderbar! Aber es ist nicht die Regel. Zum Beispiel könnte es gut sein, dass Sie wirklich gern mit guten Freunden an einem karibischen Strand sitzen, schwimmen und die Sonne genießen, tatsächlich aber morgens um 7 Uhr ins Büro gehen. Und Sie tun das selbstverständlich mit gutem Grund. Denn es gibt ja nicht nur eine Stimme in Ihnen, die Sie bewegt.

Hören Sie beiden Stimmen zu. Greifen Sie nicht ein, sondern beobachten Sie nur. Beide Stimmen haben etwas Wichtiges zu sagen. Beide sind wichtig für Ihr Leben. Wenn diese Stimmen miteinander streiten, werden Sie sich unwohl fühlen. Wenn beide dagegen die Bedürfnisse der jeweils anderen Stimme anerkennen, sie verstehen und ihr Raum geben, werden Sie eher zufrieden sein mit dem, was Sie tun – auch wenn es nicht Ihre Lieblingsbeschäftigung ist. Achten Sie darauf, ob und wie sich Ihre Haltung, Ihr Gesichtsausdruck oder Ihr Körperempfinden verändert, wenn Sie der einen und dann der anderen Stimme lauschen.

Haben Sie Lust, eine weitere Übung zu machen? Dann probieren Sie einmal Folgendes aus: Fragen Sie sich »Was *sollte* ich tun? – Was in mir spricht dagegen?«

Was **sollte** *ich tun?*	*Was in mir spricht dagegen?*

Bei dieser Übung könnten Sie bereits ein wenig ins Schwitzen geraten. Sie werden dabei vielleicht feststellen, dass manche Ideale, die Sie theoretisch stark vertreten, in Wirklichkeit von Subpersönlichkeiten unterstützt werden, deren Absichten sich eigentlich vorrangig um ein vorteilhaftes Selbstbild drehen. Diese Subpersönlichkeiten sind gut darin, Sie von Ihrer positiven, idealistischen, interessanten Seite zu zeigen. Meist sind sie jedoch wenig daran interessiert, dass Sie diesen Idealen tatsächlich folgen. Die Subpersönlichkeiten, die gegen Ihre Ideale arbeiten, sind oft stärker, in der Regel sogar wirklich stark: Natürlich mit einer positiven Absicht – denn sie vertreten Bedürfnisse wie Sicherheit, Entspannung, Energieerhaltung und Schutz.

Auch hier ist es so, dass nicht die einen gut, die anderen böse sind. Um es nochmals zu betonen: Jeder Teil Ihrer selbst hat eine wichtige Aufgabe, will Sie unterstützen und Ihnen auf Ihrem Lebensweg beistehen. Es geht also darum, die Kommunikation zwischen den Subpersönlichkeiten zu verbessern, ihre jeweiligen Bedürfnisse und positiven Absichten kennen zu lernen, zu akzeptieren und durch Zusammenarbeit Ihre Möglichkeiten zu erweitern.

Versuchen Sie, jede innere Stimme, die Sie identifizieren können, frei und offen sprechen zu lassen. Sie werden feststellen, dass an kritischen Punkten andere Subpersönlichkeiten versuchen, das Wort zu ergreifen. Halten Sie an dieser Stelle inne, machen Sie sich klar, dass Sie jede Subpersönlichkeit zu Wort kommen lassen werden – dass aber in diesem Moment nur eine Stimme sprechen sollte.

Diese ersten Übungen könnten Ihnen vielleicht bereits interessante Einsichten in Ihre Persönlichkeit verschafft haben. Es kann aber auch sein, dass Ihnen die Übungen noch ein wenig schwer fielen. Lassen Sie sich davon nicht entmutigen. Sie haben Ihr Leben lang geübt, das Durcheinander der inneren Stimmen zu ertragen, sodass es Ihnen erst einmal nicht leicht wird, einzelne Teile herauszuhören. Das ist ganz normal. Und es gibt überdies auch noch Subpersönlichkeiten, die versuchen, Sie aktiv davon abzuhalten, Ihren schwächeren inneren Stimmen aufmerksam zuzuhören – es sind jene Teile in Ihnen, die Veränderungen fürchten, denen Neues Angst macht. Und auch sie haben eine positive Absicht.

Der Schatten und das Licht

Dein wahrer Freund ist nicht, wer dir den Spiegel hält
der Schmeichelei, worin dein Bild dir selbst gefällt.
Dein wahrer Freund ist, wer dich sehn lässt deine Flecken
und sie dir tilgen hilft, eh' Feinde sie entdecken.

Die Weisheit des Brahmanen
Friedrich Rückert

In der letzten Übung haben Sie vielleicht schon feststellen können, dass es mitunter gar nicht so leicht ist, manche Subpersönlichkeiten sprechen zu lassen. Einige neigen beispielsweise dazu, anderen immer ins Wort zu fallen. Insbesondere der innere Kritiker, den wir später noch genauer kennen lernen wollen, gehört dazu. Aber er ist nicht allein: Immer dann, wenn eine der für Ihr Selbstbild wichtigen Subpersönlichkeiten sich in ihrer positiven Absicht angegriffen fühlt, wird sie reagieren und versuchen, andere Stimmen zum Schweigen zu bringen.

Wenn Sie ein wenig darauf achten, können Sie die starken emotionalen Reaktionen spüren, sobald eine Stimme in Ihnen auftaucht, die Sie – und das heißt, Ihre dominanten Subpersönlichkeiten – erst einmal ablehnen, verurteilen oder sogar hassen und verachten.

Je idealistischer das Selbstbild ist, desto stärker werden die emotionalen Abwehrreaktionen sein. Jemand, der ein »heiliges« spirituelles Lebensideal hat, wird jede innere Stimme abwehren, die materialistisch, skeptisch oder übermäßig rational ist. Jemand, der sich als vollkommen rationalen, klar denkenden Menschen betrachtet, wird mit starken negativen Gefühlen auf irrationale, magische oder metaphysische Vorstellungen reagieren.

Immer steht dieselbe positive Absicht dahinter: Das Selbstbild soll geschützt werden. Das Problem dabei ist nur, dass auf diese Art und Weise, nämlich durch Abwehr, das Selbstbild immer unvollständig bleibt, sich bedroht fühlt und dass der Mensch weit hinter seinen Möglichkeiten zurückbleibt. Nur dadurch, dass man sich vom Licht blenden lässt, verschwindet der Schatten noch lange nicht. Zu unserer Persönlichkeit gehören Licht und Schatten. Beide sind nicht nur wichtig, sondern bedingen einander. Das bekannte Yin-Yang-Symbol der chinesischen Philosophie macht das bildhaft deutlich:

Das Weiße und das Schwarze, das Licht und der Schatten, existieren nur durch die Existenz des jeweils anderen. Nimmt man eines weg, verschwindet auch das andere – beide sind untrennbar das Ganze.

Die »Schattenseiten« unserer Persönlichkeit sind nur deshalb Schatten, weil wir sie in den Schatten stellen. Aber auch auf sie trifft die Prinzipielle Positive Absicht zu. Unser Schatten ist wichtig. Es ist jedoch schwerer, ihn kennen zu lernen als die Aspekte unseres Selbst, mit denen wir uns gerne identifizieren. Es gibt jedoch keinen Grund, den Schatten mit seinen Subpersönlichkeiten zu fürchten. Denn, wie gesagt, sie alle haben unser Wohl im Sinn. Wenn es uns gelingt, Freundschaft mit unseren Schatten-Subpersönlichkeiten zu schließen, werden wir uns erst wirklich kennen lernen, unsere Möglichkeiten entdecken und erweitern – und unser Bild von uns selbst wahrhaft lebendig gestalten können.

Vorerst wollen wir uns jedoch damit begnügen, anzuerkennen, dass es auch Subpersönlichkeiten in uns gibt, deren Stimme uns erschreckt, verängstigt oder wütend macht. Später, wenn wir lernen, auch diesen Stimmen offen zuzuhören, ihre Bedürfnisse – die letztendlich ja die eigenen Bedürfnisse sind! – zu achten und sie in unser Selbstbild zu integrieren, werden auch sie ein Teil des Ganzen und unsere Freunde werden.

Reaktionen provozieren

Wenn Sie möchten, experimentieren Sie nun mit einer kleinen Übung, die Ihnen die Stimme Ihrer Schatten-Subpersönlichkeiten indirekt deutlich macht – und zwar über die Reaktion Ihrer starken, »sonnigen« Subpersönlichkeiten.

Suchen Sie sich einen Menschen aus, der Ihnen zutiefst unsympathisch ist. Das kann jemand sein, den Sie persönlich kennen oder aber eine Person des öffentlichen Lebens. Oft eignet sich zum Beispiel ein Politiker einer Partei, die Ihrer Weltanschauung widerspricht, besonders gut dafür. Denken Sie darüber nach, was Sie an dieser Person besonders stört. Spüren Sie den starken Widerwillen gegen das, was diese Person verkörpert. Und dann versuchen Sie sich vorzustellen, dass auch dies seine Berechtigung hat. Hören Sie darauf, wie sich sofort, mit großer Emotionalität, Stimmen in Ihnen bemerkbar machen, die jedem Gedanken an etwas Positives an diesem Menschen sofort widersprechen.

Nun könnte es sein, dass Sie ein sehr toleranter Mensch sind und in jedem Menschen etwas Positives sehen können. Das macht nichts: Dann nehmen Sie den Gedanken an Intoleranz und Verachtung – und versuchen, diesem Gedanken seine Berechtigung zu geben. Die inneren Stimmen, die widersprechen, sind jene Subpersönlichkeiten, die Ihr Selbstbild schützen. Hören Sie diesen Stimmen mit Kopf und Herz zu: Was ist ihr wirkliches Anliegen? Sie können viel dabei über sich lernen ...

Damit wir uns nicht missverstehen: Es geht *nicht* darum, dass Sie diese Stimmen, die Ihr Selbstbild verteidigen, mit Gewalt beiseite schieben, um Ihren Schatten zu erkennen. Es geht jetzt nur darum, zu erkennen, dass es Subpersönlichkeiten gibt, die diese Schutzfunktion wahrnehmen. Durch die Übung aktivieren Sie diese Subpersönlichkeiten besonders stark.

Vielleicht ist es Ihnen jedoch möglich, etwas mehr zu erkennen: Nämlich, dass nicht nur etwas von außen Kommendes, sondern *auch* etwas aus Ihrem Inneren abgewehrt wird. Fällt es Ihnen schwer, das anzunehmen? Dann denken Sie einmal an etwas, das Sie zwar auf rationaler Ebene ebenso schlimm finden, wie die Eigenschaften dessen, den Sie für die Übung ausgewählt haben, das Sie jedoch emotional weitaus weniger berührt.

So könnte es beispielsweise sein, dass Sie auf einen korrupten Politiker extrem negativ reagieren - auf einen Bankräuber, der bei einem Überfall jemanden getötet hat, hingegen weitaus weniger. Versuchen Sie, dies einfach zu bemerken. Rationalisieren Sie nicht. Drücken Sie es nicht weg. Denken Sie nicht daran, dass wir jetzt etwas Bestimmtes damit sagen wollten. Beobachten Sie nur.

Nachdem Sie nun mit der Wirkung von Subpersönlichkeiten ein wenig vertrauter geworden sind, wollen wir mit der eigentlichen Arbeit beginnen und Sie einladen, neue Wege zu gehen, die Sie mehr und mehr mit Ihren Subpersönlichkeiten in Verbindung bringen und Sie zu Ihrem wahren Selbst führen.

GEDANKENSPAZIERGANG

Was bedeutet es für Ihr Konzept von Wahrheit, dass es widersprüchliche Stimmen in Ihrem Geist gibt?

Der Subpersönlichkeiten-Dialog

Je mehr sich die Ansichten der Einstimmigkeit nähern,
umso mehr ist der Gemeinwille leitend. Die langen Debatten,
die Zwistigkeiten, die Tumulte kündigen den Anstieg der Sonderinteressen
und den Abstieg des Staates an.

Der Gesellschaftsvertrag IV, Über das Stimmrecht
Jean-Jacques Rousseau

Vordergründig ist der SP-Dialog kognitiv, das heißt, er geht über den Verstand. Das heißt jedoch nicht, dass Gefühle ausgeklammert wären. Das ist ohnehin nicht möglich – und erst recht nicht, wenn wir mit unseren Subpersönlichkeiten kommunizieren. Der Weg über das Kognitive, Rationale hat jedoch eine besondere Bedeutung: Unsere bewussten, sprachlichen Gedanken sind entscheidend für unser Selbstbild. Denn unser Selbstbild ist nicht in erster Linie ein visuelles Bild, sondern ein Sprachbild. Wie auch immer wir uns beschreiben – wir beschreiben uns mit Worten, wir verwenden die Sprache, die ein zentraler Ausdruck unseres Menschseins ist.

GEDANKENSPAZIERGANG

Versuchen Sie, über irgendetwas nachzudenken, ohne Worte, ohne Sprache. Sie werden feststellen, dass das praktisch unmöglich ist.

Im SP-Dialog werden wir mit unseren Subpersönlichkeiten so sprechen, wie wir auch mit unseren Mitmenschen sprechen. Oder besser gesagt: sprechen sollten. Denn wir werden, um überhaupt Erfolg mit der Personalen Integration zu haben, liebevoll, einfühlsam, offen, ehrlich und lernbegierig mit unseren inneren Persönlichkeiten sprechen müssen.

Das ist einfach gesagt, aber nicht ganz so leicht durchzuführen. Im Idealfall haben Sie eine gesprächstherapeutische Ausbildung – dann verfügen Sie genau über die Fähigkeiten, mit Ihren Subpersönlichkeiten effektiv zu kommunizieren: unbedingte Wertschätzung, Authentizität und Empathie. Freilich wäre es absurd, wenn wir das voraussetzen wollten.

Doch die gute Nachricht lautet: Während ein Gesprächstherapeut eine lange Ausbildung benötigt, um unbedingte Wertschätzung *für andere,* Authentizität *gegenüber anderen* und Empathie *für andere* zu entwickeln und angemessen ausdrücken zu können, haben Sie es unvergleichlich leichter. Empathie *für sich selbst* zu zeigen ist beinahe selbstverständlich: Wer, wenn nicht Sie selbst, könnte sich in Sie einfühlen? Ähnlich ist es mit der Authentizität: Es ist leichter, *sich selbst gegenüber* ehrlich und echt in seinen Gefühlen zu sein. Und schließlich die unbedingte Wertschätzung: Vielleicht ist es zwar leichter, aber nicht wirklich leicht, *für sich selbst* diese bedingungslose positive Haltung zu finden – doch in dem Wissen, dass jede einzelne Ihrer Subpersönlichkeiten eine positive Absicht hat, bedarf es schon viel weniger Anstrengung, um sich selbst und seine Teile voll und ganz anzunehmen. Es ist nicht leicht, jemanden zu verachten, zu ignorieren oder abzulehnen, von dem man *mit vollkommener Sicherheit* weiß, dass er nur das Allerbeste für uns will.

Wenn Sie an Ihre Grenzen stoßen

Sie können also mit ein wenig Übung und Offenheit wie ein guter Gesprächstherapeut für Ihre Subpersönlichkeiten sein. Ein wenig Übung und Offenheit sind allerdings wirklich nötig. Nicht jeder kann ohne weiteres diese Eigenschaften sofort entwickeln. Insbesondere dann, wenn die Begegnung mit einigen Subpersönlichkeiten erst einmal schmerzhaft oder erschütternd ist, kommen Sie möglicherweise nicht mehr allein voran. In diesen Fällen kann Ihnen ein professioneller Begleiter weiterhelfen – im Idealfall ein Gesprächstherapeut, der mit der Personalen Integration vertraut ist.

Wenn Sie feststellen, dass Sie mit dem SP-Dialog nicht weiterkommen, können Sie es aber auch erst einmal mit der SP-Aufstellung und mit Body-Mnemonics probieren (siehe Seiten 140 ff., 166 ff.) – oft können diese Methoden dabei helfen, Blockaden zu lösen.

Grundübungen

Soll etwas gelingen,
so bedarf es bei allem Nachdenken noch eines sicheren Taktes,
welcher nur durch frühe Übung und Angewöhnung gewonnen wird.

Johann Gottlieb Fichte

Im Folgenden wollen wir Ihnen zeigen, was wichtig ist, um einen produktiven Dialog mit Ihren Subpersönlichkeiten aufzubauen. Sie werden Ihren »Moderator« kennen lernen, der es Ihnen leichter macht, innere Dialoge zu führen. Und Sie werden erfahren, wie Sie das, was Sie in den SP-Dialogen erfahren, in Ihr Selbstbild integrieren können.

Mit diesen »Werkzeugen« können Sie bereits beginnen, selbstständig mit Ihren Subpersönlichkeiten zu »arbeiten« – es wird in erster Linie Spiel und neugieriges Forschen sein ...

Nomen est Omen

Wir kommen noch einmal zurück auf die *positive Absicht*, mit der unsere Subpersönlichkeiten agieren. Wir sollten ihnen deshalb verständnisvoll, offen oder zumindest mit Respekt begegnen, denn sonst werden sie sich hüten, Kontakt mit unserem bewussten Selbst aufzunehmen. Wenn wir sie mit Strafen, Missachtung oder Auslöschung bedrohen, werden sie sich verteidigen.

Dieser mangelnde Kontakt oder die Abwehr ist übrigens bei den meisten Menschen die Regel. Viele, wenn nicht sogar die meisten unserer Probleme rühren daher, dass wir Teile unseres Selbst missachten, erniedrigen, gering schätzen, bestrafen, bedrohen und unterdrücken. Doch unsere Subpersönlichkeiten wirken im Unterbewusstsein weiter - aber nicht kooperativ, sondern in einer Verteidigungshaltung. Denn es gibt ja etwas Wichtiges zu verteidigen: ihre positive Absicht!

Das Allererste, was wir tun können, um die positive Absicht unserer Subpersönlichkeiten zu würdigen, besteht darin, ihnen die Namen zu geben, die sie verdienen. Wir neigen dazu, nicht gerade zimperlich mit den inneren Stimmen umzugehen, die unseren bewussten Zielen und Anschauungen widersprechen. Wir sehen uns beispielsweise als hilfreiche, idealistische Persönlichkeit und strafen jeden Gedanken, der uns rät, etwas mehr an uns selbst zu denken, als selbstsüchtig und unmoralisch. Wir sind gläubig und bezeichnen skeptische Stimmen in uns als Einflüsterungen des Bösen. Wir halten uns für aufgeklärte, rationale Menschen und nennen jede spirituelle Regung, jede Form magischen Denkens mittelalterlich und primitiv. Oder wir sehen uns selbst als aufgeschlossen, offen und tolerant und unterdrücken jede Stimme, die sich konservativ oder kritisch meldet, und nennen sie faschistisch, rassistisch oder schlichtweg dumm.

Im Laufe der Zeit werden diese Stimmen dann immer leiser und melden sich kaum noch zu Wort. Aber jene Teile unseres

Selbst, aus dem diese Stimmen kommen, wirken natürlich weiter. Und da wir sie nicht mehr bewusst wahrnehmen, können wir nicht mit ihnen kommunizieren, ihnen nicht zeigen, wie sie ihre positiven Absichten vielleicht auf sinnvollere Art und Weise umsetzen können. Sie werden also ihre positiven Absichten insgeheim verteidigen und in einer Form umsetzen, die uns in unserem Wachstum, in unserer Entwicklung, Lebensfreude und Gesundheit behindert.

Machen Sie deshalb den ersten und einfachsten Schritt zu einer liebevollen Beziehung mit Ihren Subpersönlichkeiten, indem Sie ihnen Namen geben, die nicht ihren momentanen Ausdrucksformen, sondern ihrer positiven Absicht gerecht werden. Auf diese Weise wird der »stockkonservative Besserwisser« zum »erfahrenen Bewahrer«, der »abergläubische Angsthase« zum »intuitiven Beschützer«, der »verrückte Spinner« zum »kreativen Lehrer«, der »unkritische Narzisst« zum »inneren Freund«, der »hemmungslose Lüstling« zum »Anwalt der Lebensfreude« oder der »innere Schweinehund«, der uns vom Fitnesstraining abhält, zum »inneren Genießer«.

GEDANKENSPAZIERGANG

Welchen »Namen« würden Sie sich selbst geben?

Namen sind nicht nur willkürliche Bezeichnungen. Sie zeigen auch die Einstellung gegenüber dem Bezeichneten. Stellen Sie sich doch einmal vor, wie es Ihnen, also Ihrem bewussten Ich geht, wenn Sie in einer Diskussionsrunde einen Vorschlag machen. Wie fühlen Sie sich, wie reagieren Sie und wie handeln Sie, wenn Sie als »Querulant«, »Dummkopf« oder gar als »Verbrecher« bezeichnet werden? Und wie, wenn die anderen sagen: »interessant«, »nachdenkenswert«, »ein wichtiger Beitrag« oder »eine gute Idee«? In welchem Fall werden Sie eher bereit sein, auch den anderen genau zuzuhören, ihre Vorstellungen zu bedenken, wann werden Sie eher motiviert sein, weiter nachzudenken, wann wären Sie eher zu Kompromissen oder zur Kooperation bereit?

Geben Sie Ihren Subpersönlichkeiten *immer* positive Namen – und Sie werden feststellen, dass Sie die Stimmen nicht nur klarer und deutlicher vernehmen, sondern dass die inneren Stimmen auch neugieriger auf andere Vorstellungen sind, dass sie kooperations- und hilfsbereiter werden. Wenn Sie eine innere Stimme mit einem positiven Namen ansprechen, werden Sie auch leichter deren positive Absicht erkennen – und das muss durchaus nicht diejenige sein, die Sie ihr mit dem Namen unterstellt haben. Doch Sie können mit dem Namen eine positive Grundhaltung vermitteln. Es kommt dann mitunter vor, dass die angesprochene Subpersönlichkeit sich klar zu Wort meldet und Ihnen ihre wahre positive Absicht kundtut. Das kann sehr erhellend sein!

Hier ein kurzes Beispiel, bei dem eine Subpersönlichkeit angesprochen wird, die eifersüchtig handelt. Tom vermutet, seine Eifersucht würde das ihm Wichtigste bewahren: seine Liebe.

Tom: Ich möchte gern mit dir sprechen, »Hüter meiner Liebe«.

Innere Stimme (lacht): Das ist ja nett von dir. Aber ehrlich gesagt geht es mir mehr um dich!

Tom: Das wundert mich. Kannst du mir das genauer erklären?

Innere Stimme: Na ja, ich sehe, dass es dich sehr verletzt, wenn Angela dir untreu ist. Davor möchte ich dich beschützen: Wenn du zornig bist, bist du nicht so verletzt.

Tom: Also geht es dir gar nicht um Liebe? Sollte ich dich vielleicht lieber »Beschützer vor emotionalen Verletzungen« nennen?

Innere Stimme (lacht): Ja, das trifft's eher. Aber »Beschützer« allein tut es auch.

Eine andere innere Stimme: Mir geht es aber um die Liebe. Und ich möchte dem »Beschützer« sagen, dass er mich verletzt.

…

Der weitere Dialog mit seinen Subpersönlichkeiten führte zu einigen interessanten Einsichten bei Tom. Aber es wäre wahrscheinlich überhaupt zu keinem Dialog gekommen, wenn Tom seine innere Stimme mit einem Namen angesprochen hätte, der keinerlei positive Absicht beinhaltet. Dass die positive Absicht sich schließlich als eine andere, als die ursprünglich angenommene herausstellte, spielte keine Rolle.

Also: Seien Sie nett zu Ihren Subpersönlichkeiten – seien Sie nett zu sich selbst!

Subpersönlichkeiten ankern

Wenn Sie mit einem Begleiter für Personale Integration (PI), einer Therapeutin oder einem Coach arbeiten, wird er/sie Sie manchmal auffordern, den Platz zu wechseln oder eine andere Körperhaltung einzunehmen. Auf diese Weise können Ihre Subpersönlichkeiten genauer identifiziert und der Kontakt zu ihnen erleichtert werden. Im Kapitel über *Body-Mnemonics* (Seite 166 ff.) erfahren Sie noch mehr über die Bedeutung von Körperhaltungen und die damit verbundenen Gefühlszustände.

Hier geht es jedoch um etwas Grundlegenderes. Bei der Arbeit mit einem PI-Begleiter wird Ihnen ein Teil der Aufgabe, nämlich mit einer bestimmten Subpersönlichkeit Verbindung aufzunehmen, abgenommen. Wenn Sie jedoch allein SP-Dialoge durchführen wollen, sollten Sie eine besondere Technik anwenden: das so genannte *Ankern*.

Ankern ist etwas ganz Natürliches. Sie haben oft in Ihrem Leben schon solche Anker gesetzt – in der Regel völlig unbewusst. Das Ankern beruht darauf, dass wir ständig Verbindungen zwischen Ereignissen herstellen – auch zwischen Ereignissen, die erst einmal nichts miteinander zu tun haben. Die einfachste Form des Ankerns nennt man in der Psychologie auch *Konditionieren*. Wenn Ihnen beispielsweise jemand mit einer Luftpumpe Luft auf Ihre Augen bläst, tritt ein automatischer Reflex, der Lidschlussreflex auf (er schützt das Auge). Wenn nun jedes Mal, kurz bevor der Lidschlussreflex ausgelöst wird, ein Ton erklingt, wird Ihr Gehirn eine Verbindung zwischen dem Ton und dem Reflex herstellen. Natürlich hat der Ton mit dem Lidschlussreflex nicht das Geringste zu tun – und doch: Nach einer Weile wird allein der Ton den Reflex auslösen! Mit dem Ton ist ein *Anker* aufgebaut worden, mit dem der Reflex abgerufen werden kann.

Genau dasselbe ist mit komplexen Gefühlszuständen oder eben mit Subpersönlichkeiten möglich. Im Gegensatz zum Reflex handeln Sie dabei jedoch bewusst und mit einem sinnvollen Ziel: Sie wollen schneller mit einer bestimmten Subpersönlichkeit in Verbindung treten. Von Ihren Freunden haben Sie ja auch Adresse und Telefonnummer – dadurch ist es viel leichter, mit ihnen Kontakt aufzunehmen, als wenn Sie auf zufällige Begegnungen warten oder durch die Straßen laufen und laut einen Namen rufen ...

Den Anker auswerfen

Es gibt verschiedene Möglichkeiten, einen Anker zu einer Subpersönlichkeit aufzubauen. Sie könnten einen Ton verwenden, ein bestimmtes »Passwort«, eine Bewegung oder einen Ort.

Wenn Sie allein arbeiten, ist es unserer Erfahrung nach am sinnvollsten, einen »Bewegungsanker« zu verwenden: Stellen Sie sich vor, Sie sprechen gerade mit einer Ihrer Subpersönlichkeiten, beispielsweise mit dem *inneren Träumer*. Während Sie das tun, legen Sie eine Hand auf eine Stelle Ihres Körpers. Theoretisch kann das eine beliebige Stelle sein. Aber fragen Sie sich: Wo stellen Sie sich vor, »sitzt« der Träumer? In Ihrem Bauch? Ihrem Kopf? Ihrem Herzen? Hören Sie ein wenig in sich hinein, dann finden Sie leicht die beste Stelle.

Sie sprechen also mit einer Subpersönlichkeit und legen Ihre Hand dorthin, wo Sie sich diese Subpersönlichkeit in Ihrem Körper vorstellen. Gleichzeitig sprechen Sie ein »Passwort« (den Namen der Subpersönlichkeit) in Gedanken oder laut aus. So einfach ist das. Selbst wenn Sie auf diesen Vorschlag eher skeptisch reagieren: Probieren Sie es einfach aus. Wenn Sie dieses Verfahren häufig wiederholen, hat das wichtige Konsequenzen.

- Sie können in Zukunft viel leichter mit dieser Subpersönlichkeit in Verbindung treten, einfach indem Sie Ihre Hand auf die entsprechende Stelle legen und den Namen der Subpersönlichkeit nennen.
- Die Subpersönlichkeit bekommt ein »Zuhause«. Sie werden feststellen, dass die innere Stimme immer deutlicher von einer bestimmten Stelle Ihres Körpers aus spricht.
- Es wird Ihnen viel leichter fallen, ein Gespräch mit mehreren Subpersönlichkeiten gleichzeitig zu führen – was oft notwendig ist, wenn Sie zwischen verschiedenen Subpersönlichkeiten vermitteln.
- Der ursprüngliche Anker, also die Handbewegung, wird mit der Zeit unnötig. Allein, indem Sie Ihre Aufmerksamkeit auf die entsprechende Stelle richten, aktivieren Sie die Subpersönlichkeit.

Es kann ziemlich spannend sein, zu entdecken, dass Ihre Subpersönlichkeiten bestimmte Orte bevorzugen. Das werden Sie feststellen, wenn Sie vertrauter mit einer Subpersönlichkeit werden. Dann kann es vorkommen, dass sie den Ort, an dem Sie sie geankert haben, verlässt.

Diese Veränderungen sind bedeutsam. Wir werden sogar mit ihnen arbeiten. Mehr darüber werden Sie bei Body-Mnemonics und bei den SP-Aufstellungen erfahren (siehe Seiten 166 ff., 140 ff.).

Der Moderator als Ersatz-Ich

Wenn Sie anfangen, mit Ihren Subpersönlichkeiten zu arbeiten, sollten Sie als Allererstes eine ganz bewusste Subpersönlichkeit kennen lernen, die es Ihnen enorm erleichtert, auch den Äußerungen anderer Subpersönlichkeiten aufmerksam, gelassen und verständnisvoll gegenüber zu treten: den Moderator.

Wie bereits erwähnt, ist der Moderator in der Personalen Integration von zentraler Bedeutung, wenn Sie ohne Begleiter mit Ihren Subpersönlichkeiten arbeiten wollen. Er verzichtet im Dialog auf Wertungen und hat dadurch einen besseren Kontakt zu den anderen Subpersönlichkeiten. Die Aufgabe des Moderators besteht darin, neutral zu bleiben, zu vermitteln, Verständnis für unterschiedliche Auffassungen zu zeigen und im Dialog dafür zu sorgen, dass jede Stimme zu Wort kommt und ihre Anliegen ohne Unterbrechung aussprechen kann.

Das ist nicht so selbstverständlich, wie es vielleicht zunächst klingt. Sie werden feststellen, dass insbesondere dann, wenn Sie ein kritisches Thema ansprechen, immer wieder Stimmen auftauchen, die eine leise, kontroverse Stimme zu übertönen versuchen. Aber nicht nur bei schwierigen Themen ist das der Fall: Der innere Kritiker beispielsweise ist jemand, der ganz besonders gern unterbricht, Kommentare abgibt und - was auch sonst? - kritisiert.

GEDANKENSPAZIERGANG

In welchen Situationen ist Ihr »Kritiker« besonders aktiv? Wie wirkt sich das aus?

Als ob das noch nicht genug wäre: Da ist ja immer noch Ihr Bewusstes Ich. Sie können das Ich auch als die stärkste Subpersönlichkeit auffassen. Und sie nutzt ihre Stärke gern aus. Wenn sich eine Stimme in Ihnen meldet, die Sie nicht so gerne hören, werden Sie schnell aus dem Bewusstseinszustand der Subpersönlichkeiten-Wahrnehmung heraustreten oder aber zumindest gemeinsam mit anderen Subpersönlichkeiten diese Stimme zum Schweigen bringen.

Der Moderator ist kaum verschieden von Ihrem Ich. Er unterscheidet sich nur in einem Aspekt: Er urteilt und verurteilt nicht. Er beobachtet vor allem und greift nur ein, um die Spielregeln eines sinnvollen Dialoges durchzusetzen. Er wird nie Partei ergreifen. Wenn Sie den Moderator aktivieren, schweigt das Ich – denn der Moderator ist Ihr »Zwillingsbruder«, der einen Teil Ihrer bewussten Interessen wahrnimmt; er macht den SP-Dialog möglich. Sie geben nur diese Aufgabe an ihn ab und beobachten das Ganze.

Den Moderator aktivieren

Sie wissen nun, wer der Moderator ist. (Sie können ihm oder ihr natürlich auch einen anderen Namen geben. Sie sollten das sogar tun, wenn Sie einen anderen Namen für passender, angemessener oder einfach nur für schöner halten!) Wissen allein reicht aber noch nicht. Sie müssen ihn *fühlen*. Machen Sie ein Experiment:

Sicherlich gibt es irgendetwas, was Sie ärgert. Wenn nicht: Sehen Sie sich einfach die nächste Nachrichtensendung an ... Nehmen Sie das, was Sie ärgert, als eine innere Stimme, als Subpersönlichkeit. Hören Sie zu, was diese ärgerliche Stimme sagt und beobachten Sie. Damit trennen Sie den Ärger gewissermaßen von Ihrem Ich ab – und das Ich, das jetzt beobachtet, ist dann schon beinahe der Moderator! (Was noch fehlt, ist eine wirklich neutrale Haltung und die Fähigkeit, emotional unbeteiligt zwischen verschiedenen Subpersönlichkeiten zu vermitteln.)

Diese Übung dürfte Ihnen vermutlich noch keine großen Schwierigkeiten gemacht haben: Sie haben den empfundenen Ärger, der zu Ihrem Ich gehört, weiterhin im Bewusstsein. Es taucht also noch kein Konflikt zwischen dem Ich und der Subpersönlichkeit auf. Das Ich hat deshalb auch keinen Anlass, sich »einzumischen«. Etwas schwieriger wird es – und genau dafür benötigen Sie einen durchsetzungsfähigen Moderator –, wenn Sie (Ihr Bewusstes Ich) nicht mit dem übereinstimmt, was eine Subpersönlichkeit zu sagen hat. Dann werden Sie dazu neigen, die Kontrolle übernehmen und die widersprechende innere Stimme zum Schweigen bringen zu wollen. Üben Sie sich darin, Beobachter zu bleiben. Als Beobachter haben Sie immer noch Ihre persönliche Sichtweise, stellen sie jedoch vorerst einmal ein wenig in den Hintergrund.

Im SP-Dialog haben Sie zwei Möglichkeiten: Entweder bleiben Sie mit Ihrem Ich in der Beobachterhaltung und mischen sich nicht in den Dialog ein, oder aber Sie ordnen sich, so wie Ihre anderen Subpersönlichkeiten, dem Moderator unter.

Machen Sie sich keine allzu großen Gedanken, wenn Sie dann und wann *assoziiert*, also mit Ihrem Ich und seinen Vorstellungen, Gefühlen und Gedanken, eingreifen. Es ist nur eine Sache der Übung. Bleiben Sie aufmerksam beobachtend. Wenn Sie merken, dass Sie vom Beobachter zum beteiligten Sprecher werden, registrieren Sie das und wenden Sie Ihre Aufmerksamkeit wieder dem Moderator zu – nach einer Weile wird die Stimme des Moderators selbstständiger werden und Sie darauf aufmerksam machen, wenn Ihr Ich in den Dialog eingreift.

Denken Sie daran, auch den Moderator zu ankern. Setzen Sie anfangs immer, wenn Sie sich sicher sind, dass der Moderator aktiv ist, einen Anker. Der Moderator nimmt oft einen Platz in der Körpermitte ein – um ihn zu ankern, legen Sie also in diesem Fall Ihre Hand auf Ihre Körpermitte.

Üben Sie mit dem Moderator, und lernen Sie ihn und seine Stimme gut kennen. Je klarer die Stimme des Moderators in Ihnen ist, desto einfacher wird es für Sie, mit Ihren Subpersönlichkeiten im inneren Dialog zu arbeiten.

Klarheit und Offenheit

Beim Dialog mit Ihren Subpersönlichkeiten sind Klarheit und Offenheit gegenüber jeder einzelnen Subpersönlichkeit wichtig. Es ist natürlich nicht immer leicht, diese Klarheit und Offenheit zu bewahren. Wir alle sind es gewohnt, uns in Gesprächen mit anderen - und sei es auch nur ansatzweise - zu verstellen, Spiele zu spielen und Rollen einzunehmen. Das ist bis zu einem gewissen Grad auch völlig in Ordnung. Es ist ja sinnvoll, Rollen einzunehmen und nicht unser gesamtes Ich dem Gesprächspartner zu offenbaren. Sie können sich leicht ausmalen, dass es nicht ratsam ist, einem ungeliebten Vorgesetzten gegenüber vollkommene Offenheit zu zeigen. Und selbst im Gespräch mit Freunden ist es der Freundschaft nicht dienlich, jeder negativen Gefühlsregung unmittelbar und ohne Rücksicht auf den anderen Ausdruck zu verleihen.

Anders ist es jedoch beim Dialog mit Ihren inneren Persönlichkeiten. Hier ist vollkommene Offenheit immer die beste Vorgehensweise. Denn wen wollten Sie denn täuschen? Wem gegenüber einen guten Eindruck machen? Vor wem wollen Sie etwas verbergen? Letztlich ist jede Täuschung seinen Subpersönlichkeiten gegenüber eine Selbsttäuschung.

? GEDANKENSPAZIERGANG

In welchen Situationen neigen Sie möglicherweise dazu, sich selbst zu täuschen? Was bedeutet es, sich selbst zu täuschen?

Jede Subpersönlichkeit sollte im inneren Dialog klar sagen können, was sie bewegt. Auch negative Gefühle anderen Subpersönlichkeiten gegenüber dürfen und sollen artikuliert werden. Und dann kommt wieder der Moderator ins Spiel. Er vermittelt und macht jeder Subpersönlichkeit deutlich, welche positiven Absichten die anderen Subpersönlichkeiten verfolgen.

Es gibt drei Grundfragen, die der Moderator im inneren Dialog zwischen Subpersönlichkeiten stellen sollte. Nehmen wir an, es liefe ein Dialog zwischen zwei Subpersönlichkeiten A (Angst) und B (Beherztheit) ab. Die drei Fragen an Subpersönlichkeit A würden dann lauten:

1. Kennst du B?
2. Ist dir klar, dass B eine positive Absicht hat?
3. Kennst du die positive Absicht von B?

Selbstverständlich werden dieselben Fragen dann auch B gestellt.

Um diese Kernfragen herum wird sich der weitere Dialog entwickeln können. Die Schwierigkeiten, emotionalen Konflikte und schließlich auch mögliche Lösungen der Probleme ergeben sich beinahe von selbst.

Ergebnisse assimilieren

Wenn Sie einen SP-Dialog beenden, sollten Sie darauf achten, dass irgendein - und sei es auch noch so kleines - positives Ergebnis erreicht wurde. Zumindest aber sollten die beteiligten Subpersönlichkeiten die ersten beiden Fragen des Moderators (Kennst du X? Weißt du, dass X eine positive Absicht hat?) mit Ja beantworten können. Noch besser ist es natürlich, wenn das gegenseitige Verständnis noch etwas weiter geht oder wenn idealerweise ein neuer Weg gefunden wurde, auf dem beide Subpersönlichkeiten ihren Konflikt beilegen und beide nun ihre positiven Absichten verwirklichen können.

Wenig Sinn hat es, eine solche Einigung erzwingen zu wollen - das funktioniert bei Ihren Subpersönlichkeiten noch weniger als im Dialog mit anderen Menschen. Es kann eine Weile dauern, bis Subpersönlichkeiten neue Wege finden, die ihre Gegensätze vereinen. Der positive Abschluss mit seiner Minimalanforderung (Erkennen einer anderen Subpersönlichkeit und deren positive Absicht) ist allerdings wichtig – und er ist auch immer möglich. Alle Ihre Subpersönlichkeiten haben schließlich dasselbe Zuhause, teilen sich denselben Körper und mentalen Raum. Wenn ihnen eine andere Subpersönlichkeit nicht bewusst ist, wird sie bewusst, indem sie unter dem Schutz des Moderators spricht. Ebenso kann der Moderator jeder Subpersönlichkeit die Existenz der positiven Absicht einer anderen klar machen. (Etwas schwieriger wird es dann vielleicht, auch echtes Verständnis für diese positive Absicht zu wecken.)

Der Grund dafür, dass es so wichtig ist, einen positiven Abschluss zu finden, liegt darin, dass nur dann die Arbeit im Unterbewussten zielgerichtet weiterläuft. Sie können sich das so vorstellen: Im Dialog hat eine Subpersönlichkeit eine andere kennen gelernt und weiß nun, dass auch diese eine positive Absicht hat. Wenn nun der bewusste Dialog beendet wird, heißt das nur, dass Sie, also Ihr Bewusstes Ich, die Beobachterrolle verlässt. Die gedanklichen Prozesse, die der Dialog bei den Subpersönlichkeiten ausgelöst hat, gehen jedoch im Unterbewusstsein weiter. Die angesprochenen Subpersönlichkeiten »denken nach«; es kommen unterbewusste Suchprozesse in Gang. Wenn nun der Abschluss des Dialogs kein positives Ergebnis brachte, wird sich dieses Ergebnis weiter festigen – wenn der Abschluss positiv war, wird auch diese Richtung beibehalten und vertieft. Es kann sogar vorkommen, dass ein Dialog mit einem minimalen positiven Ergebnis beendet wurde, aber einige Tage später plötzlich überraschende Veränderungen im Fühlen, Denken oder Verhalten auftauchen, die sehr überraschend sind und die Sie zunächst gar nicht mehr mit dem inneren Dialog in Verbindung bringen.

Machen Sie sich auf (positive) Überraschungen gefasst!

Die ersten Schritte

Wenn Sie zum ersten Mal mit Ihren Subpersönlichkeiten arbeiten, haben Sie vielleicht noch Fragen zur Vorgehensweise:

- *Muss ich laut sprechen?* Nein, das ist nicht nötig, aber manchen Menschen fällt es leichter. Sie können aber auch einfach in Gedanken sprechen.
- *Kann ich die Augen schließen?* Ja, das hilft meist, innere Stimmen deutlicher wahrzunehmen.
- *Ich höre nicht wirklich innere Stimmen; muss ich warten, bis ich deutlich eine Stimme höre?* Nein. Ihre inneren Stimmen sind ja Teile Ihrer selbst; es ist also völlig in Ordnung, wenn Sie zunächst selbst für diese Stimmen sprechen – oder abwarten, bis charakteristische Gedanken auftauchen. Sie werden feststellen, dass die inneren Stimmen im Laufe der Zeit dann immer unabhängiger werden und sich leichter voneinander unterscheiden lassen.

Die ersten wichtigen Stimmen

Um Erfolg zu haben,
musst du den Standpunkt des anderen einnehmen
und die Dinge mit seinen Augen betrachten.

Erfolg im Leben
Henry Ford

Sobald Sie Ihren Moderator kennen gelernt haben, können Sie beginnen, frei mit der Methode des SP-Dialogs zu experimentieren. Je mehr es Ihnen zur Gewohnheit wird, mit Ihren inneren Stimmen zu kommunizieren, desto besser werden Sie sich selbst verstehen. Und es wird Ihnen immer leichter fallen, Kontakt mit der Vielfalt Ihrer inneren Persönlichkeiten aufzunehmen. Das ist eine bereichernde Erfahrung, die Sie bald nicht mehr missen möchten.

Sie können frei experimentieren – aber es wird Ihnen sicherlich helfen, wenn Sie mit den folgenden Dialogen beginnen. Wir möchten Sie in diesem Abschnitt einladen, Bekanntschaft mit inneren Persönlichkeiten zu machen, die entweder von zentraler Bedeutung für Ihr Leben sind, wie zum Beispiel das innere Kind, oder die besonders wichtig für die tiefere Arbeit mit Ihren Subpersönlichkeiten sind und zu denen Sie relativ leicht Zugang finden.

Auf jeden Fall aber sollten Sie Bekanntschaft mit jemandem schließen, der Sie sehr, sehr gern hat, ganz gleich, was Sie können, denken oder tun: mit dem inneren Freund.

Der innere Freund

Gehören Sie auch zu den Menschen, die nicht gerade höflich mit sich selbst umgehen? Bezeichnen Sie sich selbst als dumm, vertrottelt oder faul, wenn Ihnen etwas mal daneben gegangen ist? Wenn das so ist, sollten Sie irgendwann einmal mit dieser inneren Stimme sprechen. Sie hat natürlich auch eine positive Absicht; wahrscheinlich die, Sie anzutreiben, um Ihre Ziele zu erreichen. Doch sie tut das ziemlich ineffektiv. Vermutlich ist Ihnen durchaus klar, dass Vorwürfe, Beleidigungen und Ermahnungen im Umgang mit anderen Menschen in der Regel nicht allzu viel bringen, sondern die Motivation eher abtöten. Seltsamerweise wenden aber viele Menschen diese Einsicht nicht auf sich selbst an!

Es kann natürlich auch sein, dass Sie noch nie oder nur selten die Stimme einer so kritischen und strengen Subpersönlichkeit hören mussten. Vielleicht haben Sie stattdessen schon, vielleicht ohne es zu wissen, Bekanntschaft mit Ihrem inneren Freund gemacht?

Der innere Freund ist jener Teil in Ihnen, der Sie uneingeschränkt mit all Ihren Schwächen akzeptiert und stets das Positive in Ihnen aufspürt. Uneingeschränkt heißt: ohne Wenn und Aber. Es gibt einen Teil in Ihnen, der Sie gut findet, ganz gleich, was Sie tun - auch wenn das zu glauben Ihnen möglicherweise nicht leicht fällt. Er steht Ihnen so nahe, wie es kein anderer Mensch könnte. Er ist ja sogar in gewisser Weise Sie selbst! Wenn die Stimme des inneren Freundes zu leise ist, wird unser Selbstwertgefühl nicht besonders stabil sein. Der innere Freund ist aber ein wirklicher Freund: Er lässt uns nicht überheblich werden, schmeichelt nicht, hebt unser Ego nicht in unendliche Höhe. Er ist das, was einen Freund wirklich ausmacht. Er ist einfach da, liebevoll und bedingungslos.

Die Stimme Ihres inneren Freundes erkennen Sie besonders gut dann, wenn Sie mit sich nicht zufrieden sind. Wenn Sie dann versuchen, positive innere Stimmen zu vernehmen, hören Sie möglicherweise Verschiedene. Eine davon sagt vielleicht: »Nein, du kannst mit dir zufrieden sein! Du bist ein Super-Typ!« Oder eine andere: »Das war sowieso nicht wichtig. Du hast alles richtig gemacht!« Diese Stimmen schützen das Selbstbild. Aber sie sind *nicht* die Stimme des inneren Freundes. Diese Stimme ist leiser. Aber wenn Sie erst einmal gelernt haben, sie zu hören, werden Sie sie nicht mehr überhören können und wollen. Sie sagt nur: »Es ist schon in Ordnung« oder »Ich bin bei dir.« - Ausschlaggebend ist jedoch nicht so sehr, *was* diese Stimme sagt, sondern *wie* sie es sagt. Sie ist voller Zuneigung und tiefster Sympathie.

Wenn Sie aufmerksam sind, wissen Sie, wann Sie die Stimme Ihres inneren Freundes vernehmen - unwillkürlich wird sich ein Lächeln auf Ihr Gesicht stehlen. Das kann mitunter ein solcher Glücksmoment sein, dass Ihnen gleichzeitig die Tränen kommen. Und das ist gut. Dann haben Sie eine Verbindung mit Ihren tieferen Gefühlen hergestellt und Kontakt zu Ihrem inneren Freund aufgenommen.

Lisa

Für Lisa war die Begegnung mit ihrer inneren Freundin ein Wendepunkt in ihrem Leben: »Selbstvertrauen war eigentlich nie mein Problem. Also dachte ich: Was soll ich nach meiner inneren Freundin suchen. Ich komme gut zurecht. Ich möchte eher mit meinen inneren Personen sprechen, die mich davon abhalten, meine Ziele zu erreichen. Ich habe meine ›innere Managerin‹ kennen gelernt und sie dabei unterstützt, mich anzutreiben, wenn ich in meinen Anstrengungen nachlasse. Bis ich einmal wirklich fertig mit den Nerven war. Ich habe in mir nach einem Punkt der Ruhe gesucht. Meine ›Managerin‹ hat versucht mich zu trösten: Jetzt ruh dich ein bisschen aus – und dann geht es mit neuer Kraft los. Aber das ging an diesem Punkt nicht. Und dann habe ich ganz leise eine Stimme gehört. Es war mehr ein ganz leises, aber klares Gefühl. Ich habe gespürt, dass ich das jetzt brauche. Ich bin diesem Gefühl nachgegangen – und dann traf ich meine innere Freundin. Dabei hat sie kaum mit Worten gesprochen. Nur ›Komm her. Ich mag dich.‹ Und dann hat sie mich innerlich ›in die Arme genommen‹. Ich musste gleichzeitig lachen und weinen. Seitdem ist sie meine ständige Begleiterin. Sie ist nicht immer in meinem Bewusstsein. Doch sobald ich an sie denke, ist sie da – und erscheint als Lächeln auf meinem Gesicht ...«

Die innere Freundin oder der innere Freund ist ein »Glücksanker«. Deshalb ist es so wichtig, dass Sie mit Ihrem inneren Freund endlich Bekanntschaft machen. Wenn Sie sich erst einmal kennen gelernt haben, kann Sie nichts mehr so leicht aus der Fassung bringen. Selbst wenn Sie der Verzweiflung nah sein sollten: Ihr innerer Freund wird Ihnen mit den positivsten Gefühlen zur Seite stehen.

Der innere Kritiker

Den Kritiker kennen die meisten von uns ziemlich gut. So gut, dass er oft als Teil des bewussten Ich angesehen wird. Der Kritiker ist eigentlich ein netter Typ - er kann zu einem richtigen Kumpel werden, wenn wir ihn nur richtig verstehen.

Das ist aber selten von Anfang an der Fall. Solange er uns noch nicht wirklich vertraut ist, nehmen wir seine Stimme in der Regel als ein beständiges Zweifeln an uns selbst, unseren Zielen, unseren Träumen, Idealen und Plänen wahr. Der innere Kritiker ist ziemlich gut, wenn es darum geht, unsere Schwachpunkte aufzuspüren. Kaum haben wir eine gute Idee, meldet sich seine Stimme: »Na ja, so toll ist das auch nicht.«

Nicht selten zeigt sich der Kritiker in Hochform, wenn wir anfangen, mit unseren Subpersönlichkeiten zu kommunizieren. Dann taucht plötzlich eine innere Stimme auf, die uns auslacht: »Jetzt fängst du schon an, mit dir selbst zu reden! Kommst du dir nicht etwas dumm vor? Jetzt werd mal langsam erwachsen ...« Alles, was diese innere Stimme uns sagt, klingt sehr überzeugend. Eigentlich hat sie ja Recht ... Bis wir dann plötzlich merken, wie absurd das ist: Eine innere Stimme sagt uns, dass es keine inneren Stimmen gibt!

Der Kritiker ist nämlich ein Meister der Manipulation. Er ist einer der scharfsinnigsten Teile unserer selbst und kann Schwachpunkte an Menschen und Situationen sofort erkennen. Dabei ist er sehr geschickt im Argumentieren. Er ist so flexibel, dass man ihn nicht packen kann - mal ist er absolut konservativ und sagt uns, dass wir viel zu viel riskieren. Aber wehe, wenn wir dann auf ihn hören - dann lacht er uns wegen unserer Feigheit aus. Der Kritiker kann ziemlich hinderlich sein, wenn wir höhere Ziele anstreben und ihn nicht gut kennen. Er kann auch unser Selbstwertgefühl so stark beeinträchtigen, dass es kaum noch vorhanden ist.

Klingt alles ziemlich negativ, aber Sie wissen ja mittlerweile, dass jede Subpersönlichkeit eine positive Absicht hat. Natürlich auch der Kritiker. Wie gesagt: Der Kritiker ist eigentlich ein Kumpel-Typ. Vielleicht kennen Sie die Stimme des Kritikers aber auch gar nicht? Dann wagen wir die Behauptung, dass Sie ziemlich oft in Ihrem Leben auf die Nase gefallen sind. Stimmt's?

Der Kritiker sucht nämlich nicht nur in uns, sondern selbstverständlich überall nach Schwachpunkten. Das kann zwar, wenn es um unser Selbstwertgefühl geht, oft ziemlich bedrückend sein – aber es bewahrt uns viel öfter, als uns klar ist, vor Schaden!

Kritiker und Freund versöhnen

Der Kritiker und der innere Freund wirken zunächst einmal, als wären sie absolut gegensätzlich. Doch der erste Anschein trügt. Der Kritiker will uns keineswegs »niedermachen«. Er ist nur ein wenig verliebt in seinen Scharfsinn, liebt das Argumentieren und die Ironie. Wenn uns das erst einmal (emotional!) klar ist, können wir über die Sprüche des Kritikers lachen – und zwar *mit ihm*!

Damit uns das klar wird, hilft Nachdenken nicht viel. Vielleicht können wir es dadurch rational verstehen – aber was nützt das, wenn wir immer noch das *Gefühl* haben, nichts zu können, fehlerhaft zu sein und unseren Ansprüchen nicht gerecht zu werden? Doch wenn Sie Ihren Kritiker und den inneren Freund miteinander ins Gespräch bringen, kann das sehr interessant werden ...

An diesem Dialog sind drei Subpersönlichkeiten beteiligt. Zwei davon kennen Sie schon gut: den Moderator und den inneren Freund. Die dritte Persönlichkeit ist nun der Kritiker.

Bei diesem Dialog ist das »Ankern« besonders wichtig. Sonst verlieren Sie schnell den Überblick, wenn Sie mit drei Subpersönlichkeiten arbeiten. Beginnen Sie nun also damit, diese drei zu ankern, indem Sie jede der drei Persönlichkeiten mit einem bestimmten Teil Ihres Körpers verbinden: Legen Sie zum Beispiel, wenn der Moderator spricht, eine Hand auf Ihren Bauch (der Moderator-Anker sollte während des gesamten Dialogs gehalten werden!), die andere Hand auf die rechte Brust, wenn der Kritiker spricht, und wenn der innere Freund spricht, auf Ihr Herz. (Wählen Sie die jeweils für Sie persönlich stimmige Körperregion aus!)

Als Erstes aktivieren Sie nun den Moderator – das heißt Ihre neutrale, objektive, vermittelnde Sichtweise. Der Moderator leitet das im Folgenden stattfindende Gespräch. Seine Aufgabe dabei ist unter anderem, Unterbrechungen durch die Subpersönlichkeit, die gerade nicht das Wort hat, zu unterbinden (meist wird das den Kritiker betreffen) und dafür zu sorgen, dass jede Subpersönlichkeit aussprechen kann. Der Moderator hat übrigens auch einen kreativen Aspekt; er schlägt (in Rücksprache mit anderen Subpersönlichkeiten) Kompromisse und neue Wege vor.

Zunächst ruft der Moderator den Kritiker auf. Der Moderator stellt dem Kritiker die drei Grundfragen:

a) Welche positive Absicht hast du?
   Hier erklärt der Kritiker genau, was seine positive Absicht ist. Allein das kann schon ziemlich aufschlussreich sein.
b) Kennst du den inneren Freund?
   Durch diese Frage wird nicht nur geklärt, ob dem Kritiker überhaupt bewusst ist, dass es den inneren Freund gibt, sondern er bekommt auch die Möglichkeit, seine Sichtweise des inneren Freundes darzulegen.
c) Weißt du um die positive Absicht des inneren Freundes?
   Hier stellt sich heraus, inwiefern der Kritiker weiß, dass es auch andere positive Ziele geben kann als seine eigenen. In der Regel ist das der Fall – der Kritiker ist ja eine der schlauesten Subpersönlichkeiten.

Nach jeder Frage konzentrieren Sie sich auf den Kritiker. Vielleicht »hören« Sie seine Stimme – vielleicht müssen Sie sich aber auch zunächst ganz bewusst darum bemühen, seine geistige Haltung einzunehmen und für ihn zu sprechen. Je besser der Anker funktioniert und je besser Sie dissoziieren können, desto eigenständiger und authentischer wird der Kritiker (oder jede andere Subpersönlichkeit!).

Nachdem der Kritiker seine Sichtweise und Motive dargelegt hat, ruft der Moderator nun den inneren Freund auf. Auch ihm stellt der Moderator die Grundfragen:

a) Welche positive Absicht hast du?
b) Kennst du den Kritiker?
c) Weißt du um die positive Absicht des Kritikers?

Nun wird es besonders interessant: Der Moderator leitet einen Dialog zwischen Kritiker und innerem Freund. Er vermittelt, erteilt den Sprechern das Wort und macht Vorschläge, wie die positiven Absichten beider Subpersönlichkeiten verbunden werden könnten. Ziel des Dialoges ist es, dass beide Subpersönlichkeiten Verständnis füreinander entwickeln. Meist wird ein wichtiger Aspekt darin liegen, dem Kritiker zu vermitteln, dass seine kritischen Äußerungen wertvoll sind, es aber auf den richtigen Zeitpunkt ankommt – und dass möglicherweise andere Ausdrucksformen wirksamer (auch im Sinne des Kritikers!) sind. Die Aufgabe des inneren Freundes liegt meist darin, zu verstehen, dass die Äußerungen des Kritikers nicht wirklich negativ sind, sondern dass er wertvolle Beiträge zur Gesamtpersönlichkeit liefert.

Dieser innere Dialog kann außerordentliche Einsichten in die eigenen Verhaltens- und Denkmuster liefern, die einem positiven Selbstbild, mangelndem Selbstvertrauen und zu wenig Selbstsicherheit entgegenstehen. Wir können Ihnen versprechen, dass Sie sich nach diesem »Selbstgespräch« fantastisch fühlen werden!

Wenn Sie, wie wir stark annehmen, positive Erfahrungen dabei gemacht haben, sollten Sie sich diesen Dialog zur Gewohnheit machen. Schließlich haben Sie ja auch lange Jahre hinweg andere Gewohnheiten eingeübt ... Führen Sie immer wieder einen Dialog mit Ihrem Kritiker und Ihrem inneren Freund: Bis schließlich diese beiden Aspekte Ihrer selbst Freundschaft schließen.

Pierre

»Mein innerer Kritiker ist eine ziemlich starke Persönlichkeit. Ich habe schon früher diesen Teil von mir als ›Kritiker‹ bezeichnet; aber ich habe ihn immer als einen Teil meiner Persönlichkeit angesehen, der sehr negativ ist und den ich verändern oder besser noch auslöschen sollte. Heute weiß ich glücklicherweise, dass das nicht nur unmöglich ist, sondern auch ziemlich dumm: Der Kritiker (den ich heute liebevoll ›humorvoller Ratgeber‹ nenne) ist ein wichtiger Teil meiner Persönlichkeit. Seitdem ich im Gespräch mit meinem inneren Freund und meinem humorvollen Ratgeber ausgemacht habe, dass kritische Einwände sehr willkommen sind, aber bei kreativer Arbeit oder wenn es mir gerade nicht besonders gut geht, auf einen späteren Zeitpunkt verschoben werden, bin ich ein glücklicherer Mensch.«

Träumer, Realist und Kritiker: Das Kreativ-Team

Eine der wichtigsten menschlichen Fähigkeiten ist die Kreativität. Vermutlich denken Sie dabei vor allem an Kunst und Künstler, an Schriftsteller, Maler, Musiker, vielleicht auch an Werbung. Natürlich: Bei solchen Menschen spielt die Kreativität eine zentrale Rolle. Doch wir alle setzen unsere kreativen Fähigkeiten viel umfassender ein. Eigentlich sind wir ständig kreativ.

Ganz gleich, ob wir Pläne schmieden, träumen oder überlegen, ob wir eine Sache so oder so angehen wollen – stets nutzen wir unsere Fähigkeit, kreativ zu sein. Immer dann, wenn wir nicht automatisch, nach vorgefertigten Mustern oder instinktiv handeln, sind wir kreativ. Und je mehr wir die Fähigkeit zu kreativem Handeln kultivieren, desto farbiger wird unser Leben und desto größer wird unser Handlungsspielraum.

Künstler, Komponisten, Schriftsteller, Maler oder Werbetexter nutzen ihre Kreativität besonders zielgerichtet, bewusst und regelmäßig. Sie können vorher nicht wissen, was geschieht, wenn sie die Quellen ihrer Kreativität anzapfen – denn das ist ja das Wesen der Kreativität: neue Wege zu entdecken.

Nun gibt es zahlreiche, bewährte Methoden, unsere Kreativität zu kultivieren: Lesen, Malen, Schreiben, Tagträumen ... Natürlich ist es wichtig, dass Sie Ihrem kreativen Ich möglichst viel »Material zum Arbeiten« geben, wir aber wollen Ihnen zeigen, wie Sie Ihre Kreativität durch einen Dialog zwischen mehreren Subpersönlichkeiten optimal einsetzen können.

Kreativ planen

Wie gehen Sie vor, wenn Sie Pläne schmieden? In der Regel werden Sie erst einmal überlegen, wie Sie ein gestecktes Ziel erreichen könnten. Dabei werden Sie einige Möglichkeiten sofort verwerfen, weil sie unrealistisch sind. Andere Möglichkeiten sind zu kompliziert und scheiden ebenfalls aus. Und allmählich kristallisiert sich dann ein Plan heraus.

Eigentlich ganz vernünftig. Wir meinen allerdings, dass Sie mit dieser Vorgehensweise Ihrer Kreativität unnötige Schranken setzen. Warum? Wenn Sie so vorgehen, wie es die meisten Menschen tun, also so, wie es gerade beschrieben wurde, werden Sie zwar kreativ Pläne entwickeln – allerdings Ihr wirkliches kreatives Potenzial dabei kaum ausschöpfen. Denn viele Wege werden ganz schnell ausscheiden, weil sie unrealistisch, irrelevant oder problematisch zu sein scheinen. Sie *scheinen* unrealistisch, irrelevant oder problematisch. Aber *sind* sie es wirklich? Wenn Sie sich einmal ein Labyrinth ansehen, werden Sie schnell erkennen, dass es gar nicht so leicht ist, sofort zu entscheiden, ob ein Weg vielversprechend ist oder nicht. Der Weg in Richtung Mitte ist in den meisten Fällen gerade eben nicht der, der Sie tatsächlich dorthin führt!

?

GEDANKENSPAZIERGANG

Gibt es eine gute Strategie, den richtigen Weg durch ein Labyrinth zu finden?

Lassen Sie uns einmal darüber nachdenken, welche Fähigkeiten wir einsetzen, wenn wir einen Plan ausarbeiten: Da ist zunächst einmal die Fantasie – ein wichtiger Teil der Kreativität. Tatsächlich ist Kreativität ohne Fantasie schwer vorstellbar. (In gewissen Grenzen kann aber auch der Zufall diese Aufgabe übernehmen.) Fantasie ist jedoch nicht dasselbe wie Kreativität! Fantasie ist ungerichtete Kreativität. Jemand kann sehr fantasievoll sein, aber überhaupt nicht kreativ!

Gut, die Fantasie ist also ein Teil. Um einen kreativen Plan zu entwickeln, benötigen Sie jedoch auch noch Voraussicht. Sie müssen ja erkennen, ob eine fantasierte Möglichkeit irgendwie mit der Realität übereinstimmt. Sonst laufen Sie Gefahr, in so aussichtsreiche Projekte wie eine Käsemine auf dem Mond zu investieren.

Und ein dritter Teil ist wichtig: die Fehlersuche. Ein Plan kann zwar realistisch sein, aber auch Probleme aufwerfen.

Die Kreativ-Partner

Wenn Sie nun diese drei Fähigkeiten als Teile Ihrer Persönlichkeit, also als *Subpersönlichkeiten* betrachten, wird klar, wie Sie am besten einen kreativen Plan, für was auch immer, entwickeln können. Wenn diese drei Subpersönlichkeiten optimal zusammenarbeiten, werden sie einen Weg finden, der Ihr kreatives Potenzial wirklich nutzt. Diese drei inneren Persönlichkeiten sind: der Träumer, der Realist und der Kritiker.

Immer sind beim Pläneschmieden alle drei beteiligt. Leider arbeiten die drei häufig jedoch nicht wirklich zusammen. Oft stehen sie sich sogar gegenseitig im Weg.

Meist ist es so, dass der innere Träumer eine Idee hat und sie ganz begeistert vorstellt – aber sogleich funkt der Realist dazwischen und ruft: »Halt! Das müssen wir jetzt erst einmal genau durchdenken!« Dagegen kommt der Träumer nicht an und verzieht sich schmollend in seine Träumerecke. Aber auch der Realist kommt kaum dazu, auch nur die erste Fantasie des Träumers zu durchdenken – denn sobald er anfängt, die Fantasie in einen konkreten Plan umzusetzen, meldet sich mit einem breiten Grinsen der Kritiker: »Das funktioniert doch sowieso nicht! Und ich bezweifle überhaupt, dass du (das Ich) genug Energie hast, um irgendetwas in die Gänge zu bringen.«

Wir brauchen uns also nicht zu wundern, wenn wir mit unseren Plänen oft nicht recht vorankommen. Wir sehen daran auch, dass realistische Pläne nicht immer besonders gute Pläne sind. Selbstverständlich sind aber unrealistische Pläne auch keine Lösung! Irgendwie stecken wir fest: Wenn wir uns Pläne »zusammenfantasieren«, besteht die Gefahr, dass wir unsere Energie sinnlos vergeuden; doch wenn wir kritisch und realistisch planen, reifen Pläne nur sehr langsam und die meisten Wege bleiben unerforscht.

Und so finden wir aus dem Dilemma heraus: Wir müssen unsere drei Subpersönlichkeiten lediglich davon überzeugen, dass sie alle ihre positiven Absichten viel besser verwirklichen können, wenn sie nicht gleichzeitig arbeiten, durcheinander reden und sich gegenseitig behindern, sondern stattdessen nacheinander ihre Fähigkeiten einsetzen und dabei auf den Vorarbeiten der anderen aufbauen!

Wenn wir uns einmal ansehen, wie besonders sehr erfolgreiche und kreative Menschen arbeiten, können wir feststellen, dass sie tatsächlich genau diese Strategie, bewusst oder unbewusst, einsetzen. Einer dieser extrem erfolgreichen und kreativen Menschen war Walt Disney. Er hatte immer drei Arbeitsplätze: einen zum Träumen, einen, um seine Fantasien in Taten umzusetzen, und einen, um das Ganze kritisch zu beurteilen.

Ein Plan, der funktioniert

Wenn Sie Ihre berufliche oder private Zukunft oder ein konkretes Projekt planen wollen, können Sie also enorm davon profitieren, wenn Sie die daran beteiligten Subpersönlichkeiten, den Träumer, den Realisten und den Kritiker (wie immer gilt auch hier: Geben Sie ihnen ihre eigenen Namen!) zur Zusammenarbeit bewegen. Natürlich sollte auch hier der Moderator wieder das Gespräch leiten.

Versuchen Sie, sich die Eigenschaften der drei Subpersönlichkeiten so deutlich wie möglich bewusst zu machen. Denken Sie darüber nach, wann in Ihrem Leben der Träumer, der Realist oder der Kritiker dominant waren und Ihr bewusstes Handeln bestimmte. Keiner der drei ist irgendwie »besser« als der andere. Alle drei haben wichtige positive Qualitäten! Sobald Sie in Verbindung mit einer dieser Subpersönlichkeiten kommen (es meldet sich eine innere Stimme oder es taucht ein klares Gefühl auf), ankern Sie diese Subpersönlichkeit. Wenn Sie den nun schon vertrauten Körperanker nehmen, legen Sie beispielsweise für den Träumer die Hand auf den Bauch, für den Realisten die Hand auf das Herz und für den Kritiker die Hand an den Kopf (natürlich geht's auch umgekehrt) oder Sie wählen ganz andere Körperregionen.

Wenn Sie möchten, können Sie aber diesmal auch etwas anderes ausprobieren. Ein Anker muss nicht unbedingt eine Bewegung oder eine Haltung sein. Auch ein *Ort* kann eine Subpersönlichkeit besonders stark aktivieren. Räume, in denen Sie immer wieder ähnliche Situationen erleben, werden dann zu einem Anker für diese Situation. Vermutlich kennen Sie das: In einer Turnhalle fühlen, denken und verhalten Sie sich automatisch anders als in einem Theater - selbst dann, wenn in der Turnhalle ein Theaterstück aufgeführt wird!

Bei Ihrem Kreativ-Team können Sie beispielsweise das Schlafzimmer oder die Badewanne mit dem Träumer verbinden, mit dem Arbeitszimmer den Realisten und mit dem Garten den Kritiker. Ebenso können Sie innerhalb eines Raumes bestimmte Orte als Anker für Ihre Subpersönlichkeiten einsetzen. So könnten Sie zum Beispiel im Bett den Träumer, am Schreibtisch den Realisten und im Fernsehsessel den Kritiker aktivieren.

Besonders interessant ist, dass das Ankern mithilfe von bestimmten Orten ganz nebenbei geschieht - sofern Sie sich den betreffenden Raum für eine Tätigkeit reservieren: Wenn Sie also Ihr Arbeitszimmer für den Realisten nutzen, wäre es sehr gut, wenn Sie dort nicht Ihren Träumen nachhängen oder Ideen kritisieren. Wenn Sie gern in der Badewanne träumen, sollten Sie dort keine realistischen Planungen vornehmen. Je deutlicher Sie Ihre Tätigkeiten trennen, desto stärker werden Ihre Subpersönlichkeiten dort im Laufe der Zeit. Sie werden dann feststellen, dass Ihnen die mit einem bestimmten Ort verbundene Tätigkeit dort immer leichter fällt.

? **GEDANKENSPAZIERGANG**

Welche Orte sind für Sie kraftvolle Anker geworden?

Wenn es Ihnen nicht möglich ist, Träumer, Realist und Kritiker in verschiedenen Räumen zu ankern (z.B. weil Sie in einem Büro an einem Schreibtisch kreativ planen), können Sie natürlich auch die üblichen Körperanker einsetzen. Wichtig ist bei diesem Schritt, dass Sie die drei Subpersönlichkeiten klar unterscheiden und aktivieren können.

Und nun kann es losgehen.

Aktivieren Sie mithilfe Ihres Ankers die Subpersönlichkeit des inneren Träumers. Der Moderator sollte nun dafür sorgen, dass ausschließlich der Träumer in Ihnen zu Wort kommt. Setzen Sie seiner Fantasie keine Grenzen. Wenn eine der anderen Subpersönlichkeiten dazwischen funkt, sollte sie der Moderator unterbrechen und ihr klar machen, dass sie zu einem späteren Zeitpunkt alles sagen kann, was sie möchte. Doch im Augenblick geht es nur um das Entwickeln von Zielen, Ideen, Visionen, Möglichkeiten – realistisch und unrealistisch sind hier völlig irrelevante Begriffe. Keine Idee ist zu abwegig, kein Ziel zu hoch gesteckt, keine Vision zu verrückt. Lassen Sie den Moderator alle Einfälle sammeln. Wenn es um konkrete Pläne geht, wäre es gut, wenn Sie dann und wann kurz unterbrechen, in Ihr Gegenwartsbewusstsein zurückkehren und die Ideen aufschreiben.

Der Moderator lässt den Träumer so lange sprechen, bis er alles, was ihm zu dem Thema einfällt, gesagt hat. Dann bedanken Sie sich bei Ihrem Träumer und aktivieren den Realisten (indem Sie den entsprechenden Ort aufsuchen bzw. den zugehörigen Körperanker einsetzen). Nun spricht ausschließlich der Realist. Er betrachtet nacheinander alle Ideen, die der Träumer entwickelt hat und überlegt, wie die Idee, die Vision oder das Ziel verwirklicht werden könnte.

Hier muss Ihr Moderator besonders achtsam sein: Denn es kann anfangs leicht passieren, dass der Realist und der Kritiker miteinander verwechselt werden. Der Realist kritisiert jedoch nicht. Er entwickelt Pläne, wie Ideen umgesetzt werden können – ganz egal, wie verrückt, schwierig oder fantastisch sie sind. Es gibt eine gute Möglichkeit, um Kontakt zum Realisten zu knüpfen: Stellen Sie sich vor, ein exzentrischer Auftraggeber hätte Ihnen die Aufgabe gestellt, einen Plan (zu dem Thema, an dem Sie gerade arbeiten) zu entwickeln und würde Sie dafür bezahlen – nur für den Plan, nicht für die tatsächliche Ausführung! Ihr Realist entwickelt nun Pläne, die prinzipiell die Idee, die Vision oder das Ziel verwirklichen *könnten*.

Der Moderator sorgt wieder dafür, dass der Realist ungestört sprechen kann. Dann und wann können Sie eine Pause einlegen und sich Notizen machen.

Wenn der Realist die Ideen des Träumers durchgegangen ist, danken Sie dem Realisten und lassen den Moderator den Kritiker aufrufen. Bestimmt hat er schon die ganze Zeit versucht, sich einzumischen und ist ganz begierig darauf, nun sprechen zu dürfen. Jetzt darf er. Er wird mit tausend Einwänden kommen, was an den entwickelten Plänen problematisch ist und warum Sie den Plan nicht einsetzen können, um Ihr Ziel, Ihren Traum, Ihre Vision zu verwirklichen. Er wird Sie auf alle Schwachstellen in Ihren Plänen hinweisen.

Solange Ihr Kreativ-Team noch nicht freundschaftlich miteinander arbeitet, wird sich nun möglicherweise ein Gefühl der Frustration einstellen. Doch es geht ja noch weiter – und zwar in die nächste Runde: Sie formulieren nun die Probleme, die Ihnen der Kritiker gezeigt hat, als Aufgaben und geben wieder dem Träumer das Wort. Lassen Sie ihn Ideen entwickeln, wie die Schwierigkeiten überwunden, vermieden, umgangen werden könnten. Diese neuen Ideen bearbeitet dann wieder der Realist und schließlich wieder der Kritiker.

Dieses Wechselspiel von Träumer, Realist und Kritiker können Sie so lange durchführen, bis ein Plan auftaucht, an dem auch der Kritiker nichts wirklich Überzeugendes mehr aussetzen kann. Jede Runde dieser Übung bringt Sie einem realistischen, Erfolg versprechenden und flexiblen Plan näher – einem Plan, der wirklich funktioniert!

Der Team-Dialog

Wenn Sie diese Übung nicht nur lesen, sondern auch tatsächlich durchführen, werden Sie staunen. Ganz nebenbei geschieht nämlich etwas, was Sie zunächst vielleicht gar nicht bemerken: Die drei Subpersönlichkeiten kommen einander näher und beginnen - ohne Beteiligung Ihres Bewusstseins! - miteinander zu kommunizieren und Verständnis füreinander zu entwickeln! Bisher fand eigentlich kein wirklicher Dialog statt. Das sollten Sie nun nachholen. Sie beginnen so, wie Sie es schon beim Dialog zwischen dem Kritiker und dem inneren Freund gemacht haben: Sie aktivieren den Moderator, der dann den drei Beteiligten die drei Grundfragen stellt.

a) Welche positive Absicht hast du?
b) Kennst du den Träumer / Realisten / Kritiker?
c) Weißt du um die positive Absicht des Träumers / Realisten / Kritikers?

Lassen Sie sich auf den Dialog ein, der sich nun entspinnt. Jede der drei Subpersönlichkeiten hat den anderen Wichtiges mitzuteilen. Dabei spielt die obige Übung eine wichtige Rolle - dort haben alle drei feststellen können, dass sie davon profitieren, wenn sie den anderen Raum geben. In diesem Dialog können sie das vertiefen. Es ist gar nicht so schwer, diese drei wichtigen Subpersönlichkeiten zu guten Freunden werden zu lassen, die gerne und mit großem Erfolg zusammenarbeiten, um Ihr Leben zu bereichern!

Betty

»Ich halte mich für ziemlich kreativ. Muss ich auch sein als Designerin. Aber wie fast alle Kollegen habe ich immer wieder kreative Blockaden gehabt. Manchmal ging einfach gar nichts voran. Jetzt habe ich endlich verstanden, dass das vor allem daran lag, dass meine drei inneren Kreativen immer durcheinander geredet haben – seit sie gelernt haben, dass es einfach viel mehr Spaß macht, zusammenzuarbeiten, sprudle ich nur so über vor Ideen. Und zwar Ideen, die es wirklich bringen!«

Das innere Kind

Das innere Kind ist eine ganz besondere Subpersönlichkeit – vielleicht die wichtigste. Viele Bücher sind allein der Arbeit mit dem inneren Kind gewidmet. Und das ist kein Zufall. Das innere Kind nimmt in dem Chor unserer Subpersönlichkeiten eine Sonderstellung ein. Wie wir heute sind, hängt zum großen Teil davon ab, ob und wie sich unser kindliches Selbst entfalten konnte.

Es gibt eine Unzahl wissenschaftlicher Untersuchungen darüber, wie sich die ersten Lebensjahre auf unser späteres Leben auswirken. Wir sprechen hier nicht von den theoretischen Überlegungen der Psychoanalyse (die sich zu einem überwiegenden Teil als unhaltbar erwiesen haben), sondern von eindeutig belegbaren und unmissverständlichen Befunden. Am bedeutendsten ist wohl das Ergebnis, dass Kinder *unbedingt* körperliche Nähe, Wertschätzung und Liebe benötigen, um zu wachsen. Und zwar nicht nur in seelischer, sondern auch in körperlicher Hinsicht. Kinder, die einen Mangel an körperlicher und emotionaler Nähe (*Bonding*) erfahren mussten, leiden nicht nur an sozialen Defiziten; sie werden auch anfälliger für psychische und körperliche Erkrankungen. Die Befunde sind eindeutig: Kinder brauchen gute Beziehungen so sehr wie gute Nahrung, um gesund aufzuwachsen. Viele unserer Subpersönlichkeiten, die ineffiziente Strategien einsetzen und uns daran hindern, unser wahres Potenzial zu entfalten, haben sich als Reaktion auf Verletzungen unseres kindlichen Selbst entwickelt, das wir als inneres Kind in uns tragen.

GEDANKENSPAZIERGANG

Was war das für Sie wichtigste Ereignis in Ihrer Kindheit?

Das innere Kind ist jener Teil unserer Persönlichkeit, der spielerisch, kreativ und neugierig, dabei aber auch sehr verletzlich ist. Die Arbeit mit dem inneren Kind ist ungeheuer wichtig, wenn es darum geht, zu unserem wahren Selbst zu finden und unsere inneren Persönlichkeiten in unser Selbstkonzept zu integrieren.

Wir haben wiederholt darauf hingewiesen, dass alle unsere Subpersönlichkeiten eine positive Absicht haben. Alle – mit einer Ausnahme: dem inneren Kind. Das innere Kind hat *überhaupt keine Absicht!* Es hat selbstverständlich auch keine negative Absicht. Es ist absichtslos. Es blickt mit neugierigen Augen in die Welt, voller Staunen, voller Freude über das Dasein. Aber es spürt auch jeden Schmerz besonders intensiv, da es nicht auf Schmerzen eingestellt ist. Erst die erlebten Schmerzen und die Verletzungen riefen die anderen Subpersönlichkeiten ins Leben.

Das war auch unvermeidbar. Das Leben ist mit Schmerzen und Verletzungen verbunden. Niemand hat das so klar formuliert wie Buddha: »Leben ist Leiden. Die Wurzel des Leidens ist die Begierde.« Ein Leben ohne Frustrationen ist nicht möglich. Es ist sogar so, dass Schmerzen (solange sie nicht zu Verletzungen führen, die Narben hinterlassen) notwendig sind, um zu wachsen. Wir wachsen an unseren Aufgaben – und eine Aufgabe stellt sich immer dann, wenn ein Mangel besteht. Die Entwicklung von Subpersönlichkeiten gehört zum Reifeprozess. Als gereifte, integrierte Erwachsene sind wir in der Lage, angemessen mit negativen Ereignissen, mit Schmerzen und Frustrationen umzugehen.

Unser kindliches Selbst bleibt dabei stets mit uns in Verbindung, sofern sich Subpersönlichkeiten entwickelten, die mit den Schmerzen umgehen konnten – und zwar ohne das Wesen des inneren Kindes anzutasten. Wenn die Schmerzen jedoch zu Verletzungen führten, entwickelten sich Subpersönlichkeiten, die –

um das innere Kind zu schützen! – gravierende Strategien entwickeln mussten, damit aber auch das innere Kind in seiner Freiheit beschränkten.

Und das ist der »Normalzustand«, in dem die meisten Erwachsenen leben. Sie haben kaum noch Verbindung zu ihrem inneren Kind. Starke Subpersönlichkeiten, die sich eigentlich entwickelten, um das innere Kind zu schützen, bilden eine beinahe undurchdringliche Mauer, die das innere Kind daran hindert, zu uns zu kommen. Dabei würde unser Erwachsenen-Ich ebenso wie unser inneres Kind enorm davon profitieren, wenn wir Verbindung zu ihm aufnehmen könnten. Auch deshalb ist es wichtig, mit unseren Subpersönlichkeiten zu arbeiten: um ihnen zu zeigen, dass ihre alten Strategien heute nicht mehr in jedem Fall hilfreich sind. Jede unserer Subpersönlichkeiten ist wertvoll. Doch wenn ihr Bedürfnis, das innere Kind zu schützen, uns davon abhält, mit dem inneren Kind Kontakt aufzunehmen, wird es an der Zeit, ihnen zu zeigen, dass Bedrohungen, die früher einmal real waren, es heute nicht mehr sind.

Der erste Kontakt mit dem inneren Kind

Am besten ist es, wenn Sie bei der Kontaktaufnahme mit Ihrem inneren Kind zunächst den inneren Freund aktivieren – er sorgt dafür, dass eventuelle negative Gedanken Ihres Gegenwartsbewusstseins das innere Kind nicht verschrecken. Bevor Sie mit dem inneren Kind in Verbindung treten, ist es auch wichtig, ein »ernstes Wörtchen« mit Ihrem Kritiker zu sprechen, damit er nicht mit ironischen oder kritischen Bemerkungen das zarte Band zerschneidet, das Sie knüpfen wollen. Wenn Sie die vorausgehenden Dialoge geführt haben, dürfte das nicht schwer fallen.

Bevor Sie nun mit dem inneren Kind Kontakt aufnehmen, ist etwas anderes sehr wichtig: Sorgen Sie dafür, dass Sie ungestört sind und dass Sie viel Zeit haben.

Machen Sie es sich gemütlich. Legen Sie etwas zum Malen bereit. Vielleicht können Sie auch ein altes Spielzeug aus Kindertagen auftreiben. Schließen Sie die Augen und versuchen Sie, sich selbst so zu sehen, wie Sie als Kind waren. Versuchen Sie, möglichst viele Details zu erkennen: Welche Kleidung trägt das Kind gerade, was tut es gerade, wie ist sein Gesichtsausdruck?

Rufen Sie das Kind zu sich und gehen Sie gleichzeitig darauf zu: »Hallo (der Name, mit dem Sie als Kind gerufen wurden)! Ich bin gekommen, damit wir uns besser kennen lernen. Wir werden bestimmt viel Spaß zusammen haben! Ich werde von nun an immer für dich da sein.«

Ihr inneres Kind hört Sie. Auch wenn Ihnen das albern vorkommt: Sie können sicher sein, dass es Sie hört. Und warum nicht »albern« und verspielt sein? Sie wissen, wie wichtig das auch für Erwachsene ist. Sehen Sie Ihr inneres Kind an. Sehen Sie in seine Augen. Welche Gefühle steigen in Ihnen auf, wenn Sie es betrachten?

Fragen Sie das Kind, was es fühlt. Hören Sie genau zu, was es zu sagen hat - ob nun mit Worten oder mit Gefühlen. Ja - im Gegensatz zu Kindern in der Außenwelt können Sie die Gefühle Ihres inneren Kindes hören! Wenn es Vertrauen zu Ihnen hat. Es ist für Sie leicht, sein Vertrauen zu gewinnen, denn Sie können es wirklich verstehen. Fragen Sie es, was es gerne tun möchte. Was ist ihm wichtig? Will es Sie vielleicht etwas fragen? Bedrückt Ihr inneres Kind etwas? Gibt es etwas, was es jetzt gern tun würde? Lassen Sie sich von ihm zeigen oder sagen, was es möchte.

Und dann *tun* Sie es! Vielleicht will es sich mit Ihnen unterhalten, vielleicht will es spielen, malen, herumtoben, ein Eis essen gehen. Tun Sie es! Lassen Sie sich von Ihrem inneren Kind überraschen.

Wenn Sie mit Ihrem inneren Kind eine gute Beziehung aufbauen, wird es jeden Ihrer Tage bereichern. Sie werden an Spontaneität, Verspieltheit und emotionaler Wärme gewinnen. Ihr inneres Kind kann Ihnen ein wichtiger Ratgeber sein. Sie glauben gar nicht, wie gut es Ihnen tun wird, bei wichtigen Entscheidungen Ihr inneres Kind zu fragen, wie es sich dabei fühlt. Es wird Ihnen nicht sagen können, wie Sie etwas tun sollen - es ist ein Kind! Doch es kann Ihnen sagen, wie es sich *fühlt*. Fühlt es sich unwohl, wird das, was Sie tun, nicht gut für Sie sein.

Schwierigkeiten mit dem inneren Kind

Es ist wichtig, dass Sie Ihr inneres Kind spielen lassen und dass Sie für dieses Kind da sind. So werden Sie ihm immer näher kommen und sein Vertrauen gewinnen. Oft ist das leicht - denn es bereichert Ihr Leben. Manchmal kann das innere Kind aber auch etwas schwierig sein: Meist dann, wenn Sie es nicht tun lassen, was es gerade will. Vielleicht hat Ihr inneres Kind eine unglaubliche Lust, die Wände Ihrer Wohnung bunt anzumalen. Das kann natürlich sehr spaßig sein - und wenn Sie mit dieser Spielfreude und Spontaneität zurechtkommen, ist das sehr befreiend. Doch wahrscheinlich wird Ihr Gegenwarts-Ich nicht dieselben Vorstellungen von einer Neugestaltung Ihrer Wohnung haben.

Wenn Sie dem inneren Kind nun seine Wünsche abschlagen, wird es möglicherweise reagieren wie andere Kinder auch: trotzig oder wütend. Aber Sie haben ja die Möglichkeit, es wirklich zu verstehen - und mehr: Sie haben die Möglichkeit, Ihrem inneren Kind zu *zeigen*, dass Sie es verstehen. Nicht einmal eine Mutter und ihr Kind können eine so enge emotionale Beziehung haben wie Sie und Ihr inneres Kind! Nehmen Sie das innere Kind in den Arm und geben Sie ihm Ihre ganze Liebe. Lassen Sie sich dabei von Ihrem inneren Freund helfen. Wenn es erkennt, dass Sie es nicht die Wände bemalen lassen können, aber es dennoch bedingungslos lieben, wird es sich schnell ein anderes Spiel suchen.

Doch manchmal wird Ihr inneres Kind wirklich traurig sein.

Die Leiden des inneren Kindes

Das innere Kind ist verspielt und trägt eine das ganze Wesen durchdringende Heiterkeit in sich. Doch die meisten Kinder tragen Verletzungen, die ihre heitere Leichtigkeit beschweren. Kinder sind leicht zu verletzen. Eine ungerechte Strafe, eine Vernachlässigung, dort, wo es den Trost und Schutz eines Erwachsenen gebraucht hätte, ja selbst ein nicht böse gemeinter Spott können der Seele des Kindes Wunden zufügen, die Narben hinterlassen.

Erst recht ist das natürlich der Fall, wenn das Kind missbraucht oder geschlagen wurde. Dann werden die Verletzungen möglicherweise immer noch nicht geheilt sein. Und sie werden niemals heilen, wenn Sie nicht Verbindung zu Ihrem inneren Kind aufnehmen, ihm Ihre ganze Liebe und den Schutz geben, den nur Sie als sein engster Vertrauter ihm geben können. Sie haben die Macht, die Verletzungen Ihres inneren Kindes zu heilen.

In besonders schweren Fällen werden Sie dazu in der Regel Hilfe benötigen. Zögern Sie nicht, diese Hilfe anzunehmen. Ein Therapeut, der approbiert ist (ein »Psychologischer Psychotherapeut«), kann Sie dabei unterstützen, die Kraft in sich zu finden, um Ihr inneres Kind zu heilen. Geben Sie Ihrem inneren Kind die Liebe, die es so nötig braucht. Trösten Sie es und richten Sie es wieder auf. Schenken Sie ihm Aufmerksamkeit, wenn es sich zurückgewiesen fühlt. Um ihm wirklich zu helfen, müssen Sie den Schmerz, den es in sich trägt, direkt ansprechen. Damit befreien Sie nicht nur Ihr inneres Kind, sondern gleichzeitig auch sich selbst.

Bei einem Gespräch mit dem verletzten inneren Kind geht es nicht darum, dem Kind zu vermitteln, wie Sie die Angelegenheit als Erwachsener sehen. Auch wenn Ihnen als Erwachsener »mildernde Umstände« einfallen, zum Beispiel dass die Verletzung unabsichtlich geschah oder dass es »schon so lange her« ist

– einzig und allein ist wichtig, wie das innere Kind die Situation erfahren hat.

Ihr Erwachsenenbewusstsein wird wahrscheinlich versuchen, beide Seiten des Vorfalls zu sehen, Entschuldigungen zu finden und keinen Schmerz zu spüren. Nehmen Sie sich zurück. Hören Sie nur zu, was Ihnen Ihr inneres Kind zu sagen hat. Lassen Sie zu, dass es traurig, wütend, zornig ist. Lassen Sie es geschehen.

Wenn Sie völlig loslassen, kann es leicht geschehen, dass Sie die Wut selber spüren oder dass Sie sich in Tränen aufgelöst wiederfinden. Das ist gut so! Daran erkennen Sie, dass das innere Kind mit Ihnen verbunden ist.

Möglicherweise werden Sie während des Gesprächs oder danach das Bedürfnis verspüren, den Menschen, der das Kind verletzt hat, sofort damit zu konfrontieren. Tun Sie das nicht! Selbst wenn man deshalb wirklich etwas unternehmen sollte, sind Sie in diesem Moment nicht in der Lage, objektiv darüber zu entscheiden. Warten Sie ab. Es geht jetzt einzig und allein darum, das zu tun, was Ihr inneres Kind dringend braucht. Und das ist keineswegs Rache! Es braucht Ihre Liebe, Ihr Zuhören, Ihr Verständnis.

Die Kunst der Vergebung

Zu einem späteren Zeitpunkt können Sie mit den Geschehnissen weiterarbeiten – und das hat dann nichts mehr mit dem inneren Kind zu tun! Im Falle von sexuellem Missbrauch beispielsweise ist es vielleicht wirklich nötig, etwas zu unternehmen. Entscheiden Sie dies mithilfe Ihrer anderen Subpersönlichkeiten. In den meisten Fällen ist nun jedoch vor allem eines nötig: Vergebung. Möglicherweise entgegnen Sie nun sofort: »Auf keinen Fall!« Doch lassen Sie uns zunächst einmal gemeinsam anschauen, was Vergebung wirklich ist.

Vergebung heißt nicht, dass wir verzeihen, was geschehen ist. Niemand hatte das Recht, Sie, das Kind, das Sie waren, zu verletzen. Vergebung heißt nicht, dass Sie im Unrecht sind, weil Sie fühlen, was Sie fühlen. Es heißt nicht, dass schon alles so in Ordnung war und nun vergessen werden kann. Vergebung hat auch nichts mit scheinheiliger Selbstgerechtigkeit zu tun, die uns von einer Warte der moralischen Überlegenheit herabblicken lässt, um in einem heiligmäßigen Tonfall zu verkünden: »Nun, du hast einen Fehler gemacht. Du hast mein Leben zerstört, aber ich vergebe dir trotzdem! (Weil ich so ein guter Mensch bin...)«. So nicht!

Bei Vergebung geht es überhaupt nicht um einen anderen Menschen. Es geht nur um Sie selbst! Wie fühlt es sich an, den Schmerz, Ärger und die Schwäche des Opfers in sich zu tragen? Schlecht, sehr schlecht! Diese Gefühle tun aber dem Menschen, der Sie seinerzeit verletzt hat, nicht weh. Es sind Ihre Gefühle. Sie geben sich damit nicht etwa selbst die Schuld für das Geschehene. Sie übernehmen lediglich die Verantwortung für Ihren *jetzigen* Zustand. Wenn Sie sich an alten Emotionen festklammern, schaden Sie nur sich selbst. Sie halten dann an dem fest, was Ihr inneres Kind verletzt. Und jedes Mal, wenn Sie diese Emotionen wachrufen, spürt Ihr inneres Kind die Verletzung erneut.

Sich von diesen alten Gefühlen zu befreien ist jedoch nicht so leicht. Als Erwachsene können wir vielleicht rational sagen: »Klar, das bringt nichts. Also denke ich nicht mehr darüber nach.« Doch leider hilft das gar nicht weiter. Auf diese Weise vorzugehen würde bedeuten, die Gefühle des inneren Kindes nicht ernst zu nehmen. Doch gerade das braucht es ja: Ernst genommen zu werden! Hören Sie ihm also zu. Fühlen Sie seine Gefühle und lassen Sie sie heraus. Weinen Sie, schreien Sie, schlagen Sie auf ein Kissen ein, bis Sie erschöpft sind. Erst dann wird es möglich, die alten Gefühle loszulassen.

Wenn Sie mögen, können Sie nun gemeinsam mit Ihrem inneren Kind ein kleines Ritual durchführen.

Das Loslass-Ritual

Nehmen Sie Verbindung mit Ihrem inneren Kind auf und schreiben Sie gemeinsam mit ihm all die Dinge auf, die es verletzt haben. Lassen Sie das Kind diktieren, was es fühlt und denkt. Alle negativen Gedanken und Gefühle, all der Schmerz, die Wut, die Trauer, die es belasten, sollten dabei zum Ausdruck kommen. Halten Sie nichts zurück. Lassen Sie alles heraus.

Wenn Sie damit fertig sind, lassen Sie sich von Ihrem inneren Kind an einen besonderen Ort führen, wo Sie ganz allein sind – beispielsweise in den Wald. Verbrennen Sie nun das, was Sie aufgeschrieben haben, umarmen Sie Ihr inneres Kind und sagen Sie gemeinsam mit ihm: »Ich bin bereit, all das loszulassen. Es hat keine Macht mehr über mich!« Ich bin bereit, frei zu sein.

(Der besondere Ort muss natürlich nicht unbedingt im Wald sein. Sie können das Ritual auch durchführen, indem Sie das Geschriebene in kleine Stückchen zerreißen und in der Toilette hinunterspülen ...)

Später – nach einer Stunde oder einem Tag – können Sie überprüfen, ob das Ritual gewirkt hat. Gehen Sie gemeinsam mit Ihrem inneren Kind noch einmal zu den kritischen Situationen zurück. Sie sind diesmal nur der liebevolle Begleiter und Freund, der seinem inneren Kind den nötigen Beistand geben kann. Wie fühlt es sich nun? Kann es die Situationen nun mit weniger oder sogar ohne negative Gefühle betrachten und sich vertrauensvoll an Sie wenden?

Zum Abschluss fragen Sie Ihr inneres Kind, ob das, was es Ihnen erzählt hat, geheim gehalten werden soll. Sind die Geheimnisse immer noch so düster wie zuvor? Wäre es nicht gut, sie mit den richtigen Menschen zu teilen?

Hören Sie genau zu, was es zu sagen hat. Wenn es nicht möchte, dass Sie es jemandem erzählen, sollten Sie auch unbedingt schweigen und niemandem davon erzählen. Sie sollten niemals ohne seine eindrückliche Erlaubnis weitergeben, was es

Ihnen als Geheimnis anvertraut hat. So können Sie ihm zeigen, dass es Ihnen wirklich vertrauen kann.

Manchmal ist das schwierig. Wenn Sie beispielsweise mit einem Therapeuten arbeiten, wäre es falsch, ihm gegenüber nicht offen zu sein. Sagen Sie ihm dann, dass Sie das Geheimnis Ihres inneren Kindes bewahren. Fragen Sie es auch hier, ob das Geheimnis gelüftet werden darf. Aber respektieren Sie in jedem Fall seine Entscheidung!

John

John Stowe, der viel mit inneren Persönlichkeiten arbeitet, nennt das innere Kind den »Magischen Jungen« und meint dazu: »Ihr beide, du und dein Magischer Junge, braucht euch gegenseitig. Er braucht dich zur Unterstützung, um gut behandelt zu werden, gelegentlich ein Abenteuer zu erleben und gleichzeitig angemessene Grenzen in der Welt gesetzt zu bekommen. Du brauchst ihn, damit er deine Stimmung aufhellt, dir Verspieltheit, Spontaneität und Kreativität schenkt. Er lehrt dich die heilende Kraft, Dinge zu tun, von denen dein Erwachsendasein nicht mal träumt, eine Straße hinunter zu hüpfen, wenn niemand schaut oder im Park Steine über den See springen zu lassen. Er ist da, vertraut auf dich. Du bist hier und brauchst ihn. Es ist an euch, die Verbindung aufrechtzuerhalten.

Den Magischen Jungen zu einem Teil deines täglichen Lebens zu machen, ist einfach und sehr lustig. Wenn du Auto fährst, stelle dir vor, er säße neben dir. Mache unterwegs kurz Halt, um ein Eis zu kaufen oder die Blumen im Botanischen Garten anzusehen. Auch während der Arbeit ist er bei dir. Betrachte einmal deine Arbeit durch seine Augen und du wirst ganz neue Energien gewinnen. Belohne dich selbst. Nimm dir Zeit für dich selbst. Übe häufig, mit ihm zusammen zu sein, denn diese neue Art der Beziehung wird etwas Zeit brauchen, bis ihr euch daran gewöhnt habt. Vielleicht kannst du es dir bald gar nicht mehr vorstellen, anders zu leben.«

Der innere Arzt

Sie wissen intuitiv, was Ihnen gut tut, wenn Sie krank sind? Oder Sie haben plötzlich das Bedürfnis, ganz bestimmte Nahrungsmittel zu essen - manchmal sogar solche, die Sie sonst kaum anrühren? Sollte das der Fall sein, haben Sie bereits die Stimme des inneren Arztes vernommen. Wenn nicht, wird es Zeit, dass Sie ihn kennen lernen.

Der innere Arzt ist eine Subpersönlichkeit, die besonders guten Kontakt zum Tiefenbewusstsein hat. Er ist die Kraft in uns, die unsere Selbstheilungskräfte lenkt, unsere »Körperweisheit«, die uns sagt, was uns gut tut und was nicht, sofern wir achtsam genug sind. Wer ein gutes Verhältnis zu seinem Körper hat und ein Gefühl dafür, was in ihm vorgeht, der hört - ohne dass ihm dies bewusst wird - seinen inneren Arzt.

Es ist beeindruckend, welche Energien der innere Arzt entfalten kann, wenn wir - bzw. einige unserer Subpersönlichkeiten - ihn nicht behindern. Er ist mitunter sogar in der Lage, Krebs zu heilen. In solchen Fällen spricht die Medizin von Spontanremissionen. Solche medizinischen »Wunder« geschehen jedoch nicht zufällig, sondern sind das Ergebnis einer mächtigen Subpersönlichkeit - dem inneren Arzt. Jeder Mensch trägt also das Potenzial zur Heilung selbst schwerster Erkrankungen in sich.

Selbstverständlich führt das zu der Frage, weshalb wir dann überhaupt krank werden. Nun ist es sicherlich so, dass selbst der stärksten inneren Kraft Grenzen gesetzt sind. Doch ist unser Potenzial zur Selbstheilung weitaus größer, als es die Medizin wahrhaben will. Die Ursache dafür, dass der innere Arzt nicht seine ganze Kraft entfalten kann, liegt in uns selbst. Solange nicht alle Subpersönlichkeiten zusammenarbeiten, werden sie sich gegenseitig behindern. Und wenn der innere Arzt behindert wird, werden wir leichter krank und nicht so schnell gesund, wie es möglich wäre.

Wenn nun aber alle Subpersönlichkeiten eine positive Absicht haben, wie kann es dann sein, dass sie einen so wichtigen Teil unserer selbst behindern? So erstaunlich es zunächst klingt: Aber Krankheiten können tatsächlich in gewisser Weise positiv sein. Ein Aspekt ist der so genannte »sekundäre Krankheitsgewinn«. Das bedeutet, dass der Gewinn, den wir aus dem Kranksein beziehen, größer ist als der Schaden - selbst wenn die Krankheit unangenehm ist. Das kann nur deshalb geschehen, weil unsere Subpersönlichkeiten nicht in unser aktuelles Ich integriert sind und keine angemessenen Möglichkeiten finden, andere Wege zu beschreiten, um ihre Ziele zu verwirklichen.

»Maria ist Hausfrau und hat drei Kinder. Sie ist damit ziemlich überfordert. Ihr Mann ist ihr keine große Hilfe: Er kommt erst spät abends nach Hause - dann sollte alles im Haus geregelt sein und das Essen auf dem Tisch stehen. Als Maria krank wird, verändert sich die Situation. Ihr Mann stellt ein Hausmädchen ein und kümmert sich liebevoll um sie.«

In diesem Beispiel ist leicht zu erkennen, welch großen Gewinn Maria aus ihrer Krankheit zieht. In der Regel ist die Lage natürlich nicht so offensichtlich. Man muss meist ganz genau hinsehen, um einen sekundären Krankheitsgewinn zu erkennen. Er spielt aber viel häufiger eine Rolle, als man zunächst annimmt.

GEDANKENSPAZIERGANG

Welchen »Gewinn« hat Ihnen Ihre letzte Krankheit gebracht?

Ein weiterer Aspekt ist die Signalfunktion des inneren Arztes. Nicht selten versucht der innere Arzt - oft sogar gemeinsam mit anderen Subpersönlichkeiten - uns zu sagen, was uns gut täte. Der Genießer zum Beispiel möchte mehr relaxen, und der Kritiker bemängelt, dass wir uns bei all den Terminen ohnehin nur verzetteln. Doch wir wollen die Botschaft nicht hören. Mitunter können Wahrheiten nämlich auch unangenehm sein. Doch wenn wir die Warnungen unserer Subpersönlichkeiten ignorieren oder unterdrücken und wenn die Botschaft wichtig für uns ist, kann es geschehen, dass die Signale unüberhörbar werden: Wir werden krank.

Über die Bedeutung von Krankheitssymptomen wurde viel geschrieben. Wir meinen allerdings, dass das intellektuelle Interpretieren von Symptomen wenig hilfreich ist, zumal die Interpretationen oft doch sehr an der Oberfläche bleiben. Wie soll es auch anders sein, wenn die Wurzeln der Symptome zwar erkannt werden, doch im Unterbewussten keine Veränderung stattfindet? Es kann nur dann wirkliche Veränderung beginnen, wenn die unterbewussten Teile unseres Selbst, unsere Subpersönlichkeiten, verstanden werden und verstehen.

Mit der Krankheit sprechen

Wenn Sie einmal krank sind, ist das natürlich unangenehm. Wahrscheinlich sehen Sie die Krankheit als einen Feind an, der bekämpft und vernichtet werden muss. Wenn wir jedoch davon ausgehen, dass unser Körper mit einer Krankheit nicht von allein fertig wird (oder überhaupt erst Symptome entwickelt), weil der innere Arzt von anderen Subpersönlichkeiten an seiner Arbeit gehindert wird oder er uns mit den Krankheitssymptomen eine wichtige Botschaft übermitteln will, ist diese Sichtweise problematisch. Sie wird eher dazu führen, die Ursachen für unser Kranksein und -werden noch zu verstärken.

Da Ihnen der Umgang mit Ihren Subpersönlichkeiten bereits vertraut ist, werden Sie erkennen, was sinnvoller ist: Nehmen Sie mit den Subpersönlichkeiten, die den inneren Arzt behindern oder Ihnen ein Signal zur Veränderung geben wollen, Kontakt auf und versuchen Sie, ihre positiven Absichten zu verstehen. Als Nächstes können Sie darangehen, im Dialog zwischen Ihren Subpersönlichkeiten andere Wege zu suchen – Wege, die die Krankheit unnötig machen und es dem inneren Arzt ermöglichen, sein gesamtes Potenzial zu entfalten.

Bisher haben Sie mit einer oder zwei Subpersönlichkeiten gleichzeitig gearbeitet. Wir möchten Sie nun einladen, beim Dialog mit der Krankheit und dem inneren Arzt auszuprobieren, sich weiter zu öffnen und die Stimmen mehrerer Subpersönlichkeiten (die Sie zu Beginn des Dialogs eventuell noch gar nicht kennen) mit einzubeziehen.

Sie beginnen jedoch wie gewohnt mit dem Moderator, der den beiden Hauptbeteiligten - der »Symptom-Subpersönlichkeit« (geben Sie auch ihr unbedingt einen positiven oder humorvollen Namen!) und dem inneren Arzt - die Grundfragen stellt (siehe Seite 87).

Eine weitere Frage, die der Moderator nun an die Symptom-Subpersönlichkeit stellen sollte, ist die Frage nach der Bereitschaft zur Kooperation (und den eventuellen Bedingungen dafür). Vielleicht tauchen nun auch andere Stimmen auf. Der Moderator sollte sie ebenfalls zu Wort kommen lassen. Es ist nicht vorhersehbar, welche oder wie viele Stimmen sich zu Wort melden. Doch alle haben einen wichtigen Beitrag zu leisten.

Hören Sie genau zu!

Es wird nicht immer gelingen, alle Subpersönlichkeiten sofort zur Zusammenarbeit zu bewegen. Zunächst ist es gut, wenn sie sich überhaupt erst kennen lernen, wenn sie wissen, dass es andere positive Absichten gibt, die für das Wohl der Gesamtpersönlichkeit arbeiten. Ein guter Weg ist, die Subpersönlichkeit Ressourcen austauschen zu lassen. Jede Subpersönlichkeit hat wertvolle Fähigkeiten zu bieten! So hat beispielsweise die Symptom-Subpersönlichkeit offensichtlich die Fähigkeit, körperliche Vorgänge zu beeinflussen - eine Fähigkeit, die der innere Arzt sicher zu schätzen weiß!

Erzwingen Sie nichts, sondern hören Sie Ihren Subpersönlichkeiten mit Verständnis und Liebe zu. Alle wollen etwas Gutes für Sie! Sie können dabei viel über sich selbst, Ihre Krankheit und deren Ursachen, über Ihre verborgenen Fähigkeiten und unterbewussten Motive lernen.

Mit diesem Dialog lässt sich mehr erreichen, als nur ein lästiges Symptom loszuwerden: Sie können die positive Absicht des Symptoms verstehen und dadurch an sinnvollen Handlungsmöglichkeiten gewinnen. Und Sie werden das Symptom nicht unterdrücken, sondern Ihr Unterbewusstsein anregen, mit seiner ganzen Kraft an den Wurzeln der Krankheit zu arbeiten.

Lina

»Ich will jetzt gar nicht über meine Krankheit sprechen. Ich habe gelernt, dass es für mich gar nicht mehr so viel Sinn macht, überhaupt von Krankheit zu sprechen: Wenn ich mich nicht wohl fühle, betrachte ich das inzwischen als einen ›Streit zwischen meinen inneren Freunden‹. Ich versuche dann, den Streit zu schlichten – und fast immer geht es mir dann schon deutlich besser.«

Der innere Schauspieler

Er kann oft sehr hilfreich sein, wenn wir uns etwas nicht zutrauen. Insbesondere dann, wenn Sie vielleicht etwas schüchtern und zurückhaltend sind, kann Ihnen der innere Schauspieler vielleicht ganz neue Aspekte Ihrer selbst zeigen. Der innere Schauspieler ist vielleicht nicht sehr tiefsinnig. Er wird keine tief greifenden Veränderungen in Ihrem Leben auslösen. Und doch ist er in vielen Situationen eine wertvolle Hilfe. Eigentlich ist das, was er tut, ganz einfach. Aber, wie Goethe einmal meinte: »Das Einfache ist oft schwer ...« Der Schauspieler ist ein spielerischer Teil von uns. Er kann uns dabei helfen, unbekannte Situationen zu bewältigen, indem er einfach so tut als ob. Seine Stärke liegt darin, *nicht* lange zu reflektieren und nachzudenken, sondern einfach und unbeschwert zu handeln.

Vielleicht haben Sie Schwierigkeiten damit, vor einem großen Publikum eine Rede zu halten. Manchen Menschen fällt das so schwer, dass sie es wirklich nicht können. Nun ist es sicher am sinnvollsten, mit jenen Subpersönlichkeiten ein Gespräch zu führen, die Angst haben - Angst, sich zu blamieren, zu versagen, ausgelacht zu werden, nicht gut genug zu sein usw. Dadurch käme man an die Wurzeln des Problems. Alte schmerzhafte Erfahrungen müssen verarbeitet und neue Wege gelernt werden. Sie haben ja schon einige Möglichkeiten kennen gelernt, wie Sie mit Ihren Subpersönlichkeiten Kontakt aufnehmen und gemeinsam mit ihnen an kreativen Lösungen für Probleme arbeiten.

Im Dialog mit den Subpersönlichkeiten wird sich die Angst, vor Publikum zu sprechen, allmählich auflösen können - weil die beteiligten Subpersönlichkeiten, sobald sie in die Gesamtpersönlichkeit integriert sind, die Angst nicht mehr brauchen.

Doch manchmal werden wir in Situationen geworfen, in denen wir schnell handeln müssen. Oder aber es fällt uns schwer, angstgeplagte Subpersönlichkeiten davon zu überzeugen, dass keine wirkliche Gefahr besteht. Oder aber wir haben einfach keinerlei Übung mit einer neuen Verhaltensweise und fühlen uns daher unsicher.

Immer dann können wir auf den inneren Schauspieler zurückgreifen. Ihm fällt das leicht: Er tut ja etwas nicht wirklich, sondern er tut nur so als ob. Er mag zwar auch kein guter Redner sein, aber er spielt eben einen guten Redner. Er mag zwar kein hochqualifizierter Lehrer sein, aber er kann so tun, als ob er es wäre. Das Interessante ist: Der Unterschied zum »wirklich tun« ist äußerlich kaum zu bemerken. Tatsächlich kann es sogar oft so sein, dass ein Schauspieler ohne Kenntnisse viel besser nach außen hin wirkt als ein wirklicher Fachmann.

Sie kennen das aus Kino und Fernsehen: Ist der kluge alte Doktor im Fernsehen nicht viel überzeugender als der echte junge Stationsarzt im Krankenhaus? Wirkt der Anwalt im Film nicht äußerst kompetent und erfahren? Doch hat weder der Fernsehdoktor Medizin noch der Kinoanwalt Jura studiert! Natürlich kann das Spielen keine Kenntnisse ersetzen. Der innere Schauspieler kann uns jedoch nach außen hin gut vertreten.

Um keine Missverständnisse aufkommen zu lassen: Wenn wir den inneren Schauspieler aktivieren und ihn agieren lassen, ist das nicht dasselbe, als wenn wir uns (als Gesamtpersönlichkeit) »verstellen«. Wenn wir uns verstellen, wird das meist nicht funktionieren. Unsere Körpersprache wird anderes ausdrücken als unsere Stimme. Wir werden uns selbst zuhören und uns dadurch nicht öffnen. Aktivieren wir jedoch den inneren Schauspieler, lassen wir eine Subpersönlichkeit spielen, der das Spaß macht.

So oberflächlich der innere Schauspieler auch sein mag – wir können viel von ihm lernen. Er kann uns zwar nicht sagen, wie etwas wirklich geht, aber er kann uns durch sein spielerisches Handeln zeigen, dass es darauf oft gar nicht ankommt. Wir brauchen keine Scheu vor neuen Dingen zu haben, es ist unnötig, Respekt vor einer ungewohnten Tätigkeit zu haben und sie deshalb nicht oder nur zögerlich zu tun. Wir müssen uns nicht davor fürchten, einfach etwas auszuprobieren! Der innere Schauspieler kann also indirekt unser Leben sehr bereichern und unsere Möglichkeiten enorm erweitern. Am Anfang wichtiger Veränderungen ist es oft eine gute Idee, den Schauspieler die Dinge in die Hand nehmen zu lassen. Bevor wir etwas wirklich tun und damit die Angst vor dem Risiko und dem möglichen Versagen auf uns laden, können wir doch erst einmal so tun, als ob wir es könnten …

Daniel

»Den inneren Schauspieler in mir zu entdecken war eine unglaubliche Erfahrung. Ich hatte es schon immer gehasst, wenn ich in der Schule und später in der Universität Referate halten musste. Ehrlich gesagt hatte ich höllische Angst. Also ließ ich den Schauspieler übernehmen. Das war erst einmal gar nicht so einfach – merkwürdigerweise hatte ich Angst, meine Angst zu verlieren. Irgendwie dachte ich, dass ich mich dann erst recht blamieren würde. Bis mir dann klar wurde, dass ich ja nichts zu verlieren hätte: Angst hatte ich ja sowieso schon. Mein innerer Schauspieler spielte den humorvollen Nobelpreisträger. Ich stand völlig locker vor der Klasse und erzählte einfach drauflos. Das Konzept, das ich vorbereitet hatte, brauchte ich gar nicht mehr. Natürlich machte ich ein paar Fehler. Doch anstatt rot zu werden und anzufangen zu stottern, machte ich ein Witzchen über meinen Versprecher oder darüber, dass ich mich verzettelt hatte. Nicht nur das Referat lief gut. Ich *fühlte* mich gut. Es machte mir tatsächlich Spaß! Seitdem habe ich keinerlei Schwierigkeiten mehr, Vorträge zu halten. Wenn ich so tun konnte als ob, könnte ich es doch auch wirklich tun, oder?«

In die Tiefe ...

Bislang haben Sie nun ein paar Subpersönlichkeiten kennen gelernt, die von ganz grundlegender Bedeutung sind: den *inneren Freund*, der in allen schwierigen Lebenslagen Ihr »Glücksanker« ist, das Kreativ-Team aus Träumer, Realist und Kritiker, welches Ihnen dabei hilft, Ziele optimal zu planen, das *innere Kind*, die vielleicht wichtigste aller Subpersönlichkeiten, das Ihnen hilft, die Welt mit den Augen des Kindes zu sehen, den *inneren Arzt*, der Ihnen dabei hilft, gesund zu bleiben und zu werden, und schließlich den *inneren Schauspieler*, der trotz (oder wegen?) seiner Oberflächlichkeit in vielen alltäglichen Situationen eine enorme Hilfe ist – und so auf Umwegen zu wirklich wichtigen Veränderungen führen kann.

In den folgenden Abschnitten werden wir nicht mehr ganz so ausführlich auf die jeweiligen Subpersönlichkeiten eingehen. Sie haben nun eigentlich alles, was Sie benötigen, um weiterzuarbeiten und in die Tiefe vorzudringen. Dennoch möchten wir zusätzlich ein paar Anregungen zu einigen wichtigen Subpersönlichkeiten geben, von denen Sie viel lernen können: *Die leisen Stimmen* – den Liebenden, die Weisheit und das Spirituelle Selbst. *Die Stimmen aus dem Schatten* – der Narr und der Tod. *Die machtvollen Stimmen* – die inneren Eltern, der König/die Königin und den Magier/die Hexe.

Lassen Sie uns mit ein paar Subpersönlichkeiten beginnen, die sich in der Regel eher still verhalten, Ihr Leben jedoch sehr bereichern können ...

Die leisen Stimmen

Wahrlich, keiner ist weise,
der nicht das Dunkel kennt,
das unentrinnbar und leise
von allen ihn trennt.

Im Nebel
Hermann Hesse

Die »leisen Stimmen« sind Subpersönlichkeiten, die sich unserem Bewusstsein nicht aufdrängen – sie sprechen nur in ganz besonderen Situationen zu uns. Dennoch haben sie uns Wichtiges zu sagen und können unser Leben verändern, wenn wir auf ihren Rat hören. Je weiter wir auf unserem Weg zur integrierten Persönlichkeit sind, desto eher werden wir die leisen Stimmen vernehmen. Doch sollten wir so lange warten?

Der Liebende

Viele Menschen sind davon überzeugt, dass die Liebe die wichtigste Kraft in unserem Leben ist. Und doch muss man leider feststellen, dass sich diese Überzeugung nicht wirklich in der Welt manifestiert. Diese Subpersönlichkeit, die die Quelle unseres innersten Wunsches nach Liebe ist, drängt sich nicht auf; es widerstrebt ihr, sich gegen innere Widerstände durchzusetzen. Und diese inneren Widerstände sind nichts anderes als Aktivitäten anderer Subpersönlichkeiten: Denn sie alle haben Bedürfnisse, die sie mehr oder weniger stark durchsetzen wollen. Der Liebende aber will nichts durchsetzen. Dieser Teil unserer selbst ist Liebe, ohne Selbstsucht, ohne Willen zur Macht, nur bedingungslose, liebevolle Zuwendung. In ihm finden alle unsere Vorstellungen von Liebe Ausdruck; doch es geht dieser Subpersönlichkeit nicht um Sex, Eifersucht, Macht, sondern um wahre, bedingungslose Liebe. Sie ist die Quelle all unserer liebevollen Gefühle.

Wenn wir dem Liebenden mehr Raum in unserem Leben geben können, wird er ein wertvoller Ratgeber: Er zeigt uns, wie wir uns auf der Ebene des Herzens mit allen Lebewesen verbinden können, ja, dass wir in Wirklichkeit sogar schon mit allen verbunden sind.

Im Alltag zeigt sich diese Subpersönlichkeit als Sehnsucht, als ein Gefühl, dass etwas Wichtiges in unserem Leben fehlt – eine leichte Melancholie. Nehmen wir jedoch Verbindung zu ihr auf, verwandelt sich diese Melancholie in Heiterkeit: Es ist alles so leicht, wenn wir die Welt mit Liebe betrachten!

Am leichtesten können wir über unseren inneren Freund Verbindung mit dem Liebenden aufnehmen, denn er hat viele Qualitäten, die dem des Liebenden sehr ähnlich sind. Doch während der innere Freund jener Teil ist, der uns selbst mit verständnisvollen, liebevollen Augen sehen lässt, ist der Blick des Liebenden auf die ganze Welt gerichtet.

Marlene

»Natürlich habe ich immer schon gewusst, dass die Liebe das Wichtigste ist. Ehrlich gesagt, blieb es aber bei dieser Einsicht; meine Gefühle gegenüber anderen waren sicherlich nicht immer liebevoll. Ich müsste lügen, wenn ich behaupten würde, dass meine Herzpersönlichkeit [der Liebende] mich nun dazu gebracht hätte, dass ich alles und jeden liebe. Aber sie hat meinen Blick schon verändert. Klar, es gibt immer noch viele Menschen, die mir nicht gerade sympathisch sind - und ich glaube, dass das auch in Ordnung ist. Meine anderen Subpersönlichkeiten haben ja auch Bedürfnisse! Doch ich neige nicht mehr wie früher dazu, andere Menschen zu verurteilen. Wenn mir jemand wirklich zuwider ist, zeigt mir meine Herzpersönlichkeit, dass derjenige auch nur ein armes Schwein ist. Und ich fühle mich irgendwie ... freier.«

Die innere Weisheit

Weisheit ist natürlich ein großes Wort. Die meisten Menschen stellen sich unter einem Weisen einen alten Mann mit Rauschebart vor, der alles weiß und für jeden einen guten Rat bereithält. Erst einmal wollen wir feststellen - obwohl das eigentlich nicht nötig sein sollte -, dass der Weise natürlich ebenso gut eine weise Frau sein kann; auch der Rauschebart ist nicht obligatorisch. Die oben stehende Beschreibung ist ein Klischee, aber eines, dass sich bei einer Umfrage unter Studentinnen (»Beschreiben Sie einen weisen Menschen«) so bestätigt hat.

GEDANKENSPAZIERGANG

Was bedeutet »Weisheit« für Sie?

Die innere Weisheit ist ein Teil, der in jedem von uns lebt. Wie Sie diese Subpersönlichkeit visualisieren wollen, bleibt Ihnen überlassen - hängen Sie sich nicht am genannten Klischee auf, aber versuchen Sie auch nicht aus Prinzip, etwas anderes zu tun als das, was Ihr Inneres sagt. Ihre innere Weisheit ist sowieso ganz anders, als Sie es sich mit dem Verstand vorstellen. Sie muss nicht klug oder gebildet sein, sie ist keine Quelle von Faktenwissen – doch sie weiß, worum es im Leben (in *Ihrem* Leben!) wirklich geht. Sie kann Ihnen helfen, wenn Sie in einer tiefen Krise stecken. Sie steht über den Dingen und kann Ihnen Ruhe und Erkenntnis vermitteln.

Leider ist auch die Weisheit eine der leisen Stimmen, die sich nicht ungeduldig zu Wort melden. In der Regel vernehmen Menschen diese Stimme erst dann, wenn sie schon in tiefster Verzweiflung stecken. Und selbst dann sind sie oft nicht bereit, auf diese innere Stimme zu hören. Schließen Sie Freundschaft mit Ihrer Weisheit. Das ist leichter als mit manchen anderen Subpersönlichkeiten. Wie der Liebende setzt auch die innere Weisheit dem Drängen der anderen Subpersönlichkeiten keinen Widerstand entgegen: Vielleicht macht gerade das die Weisheit aus? Doch Sie können die Stimme Ihrer Weisheit leicht vernehmen, wenn Sie einfach die Augen schließen, sich entspannen und wie ein Mantra vor sich hin sprechen: »Was will ich wirklich ...«

Viele Stimmen werden sich melden. Jede Ihrer Subpersönlichkeiten hat ihre Vorstellungen von dem, was Sie tun *sollen*. Aber eine dieser Stimmen wird Ihnen sagen, was Sie *wirklich wollen*. Das ist Ihre innere Weisheit.

Rafaela

»Es war ein komisches Gefühl, die Stimme meiner Guten Fee zu hören. Zuerst war da ein Durcheinander von Stimmen, die alle mehr oder weniger gute Ideen hatten, was ich wollen könnte. Nach einer Weile spürte ich jedoch hinter dem ganzen Durcheinander eine ganz leise, aber auch ganz klare Stimme: Du willst Lehrerin werden. Das war nicht gerade neu, und auch ein paar andere meiner Subpersönlichkeiten haben mir das geraten. Das Merkwürdige war nur, dass diese Stimme mir keinen Rat gab, sondern es nur sagte: Und ich wusste sofort, mit völliger Klarheit – ja! Genau das ist es!«

Das Spirituelle Selbst

Das Spirituelle Selbst ist der Teil in uns, der uns zeigt, dass es mehr gibt als das Materielle. Ihm entspringt das Bedürfnis nach Religion oder einer über unseren Alltag hinausweisenden Philosophie. Um die Stimme unseres Spirituellen Selbst zu hören, müssen wir erst einmal ganz ruhig werden - und sei es auch nur für Sekunden, beispielsweise in der Meditation. Das Spirituelle Selbst ist immer frei - frei von Wollen, frei von Ängsten, frei zum Über-sich-Hinausgehen. Menschen, die mit ihrem Spirituellen Selbst in Verbindung treten, sind meist auf ihrem Weg schon ein ganzes Stück vorangekommen. Aber in jedem von uns ist das Spirituelle Selbst lebendig. Vielleicht hören wir es nur selten - aber wenn es spricht, ist seine Stimme unverwechselbar, voller Freude und Heiterkeit.

Mit dem Spirituellen Selbst zu kommunizieren ist nicht leicht - vor allem, wenn wir es *wollen*, verhindern wir durch das Wollen gerade dies. Wenn wir uns mit unserem Spirituellen Selbst verbinden, müssen wir still werden und die herumirrenden Gedanken zur Ruhe bringen. Auch das ist durch angestrengtes Wollen natürlich nicht machbar - wir können nur die Voraussetzungen dafür schaffen, indem wir uns darin üben, still zu werden.

Aber dann können wir vielleicht seine Stimme vernehmen, ohne Worte, ohne Ziel - nur ein Klang, wie ein Lächeln ...

Nick

»›Spirituelles Selbst‹ klingt so esoterisch. Ich kann eigentlich mit Esoterik nicht so viel anfangen. Aber ich habe verstanden, dass es mit Esoterik, zumindest mit der populären Eso-Welle, nichts zu tun hat. Ich habe seine Stimme inzwischen ein paar Mal gehört - und sie hat lange in mir nachgeklungen und vielleicht sogar, auch wenn das vielleicht zu große Worte sind, mein Leben tatsächlich ein wenig verändert. Es hat nicht direkt zu mir gesprochen. Ich habe seine Gegenwart wie ... es ist schwer zu beschreiben ... wie das Klingen eines ganz hellen Glöckchens und gleichzeitig wie ein Lachen in mir gehört. Wenn ich das jetzt so sage, klingt das albern, banal oder versponnen. Aber es war nichts von all dem: Noch Stunden danach war ich unglaublich gelassen und hatte das Gefühl, dass es nichts in der Welt gibt, was mich besorgt machen müsste. Ich hatte einfach ein Gefühl einer unbeschreiblichen Einheit mit allem Sein und einer grenzenlosen Heiterkeit. Aber ich sehe schon: Man kann es nicht wirklich beschreiben ...«

Die Stimmen aus dem Schatten

Das Wesen jedes Leids hat zwanzig Schatten,
die ausseh'n wie das Leid, doch es nicht sind...

König Richard II. II, 2
William Shakespeare

Manche unserer inneren Stimmen wollen wir nicht gerne hören – sie erschrecken uns. Diese Subpersönlichkeiten anzunehmen, fällt uns meist besonders schwer, da wir sie als »dunkle Seite« unserer Persönlichkeit betrachten. C.G. Jung nannte diese Teile unseres Selbst »den Schatten«. Doch unsere Schattenseite ist nicht »böse«. Auch Subpersönlichkeiten, die wir in den Schatten stellen, haben natürlich eine positive Absicht. Das Problem ist nur, dass es uns oft nicht leicht fällt, diese positive Absicht in unser Selbstkonzept zu integrieren.

Die »Schattenstimmen« haben uns Wichtiges zu sagen. Versuchen Sie, ihnen zu lauschen ...

Der Narr

Der Narr ist ein Teil in uns, der einem selbst oft Angst macht, weil er sich gegen die anerkannten Normen richtet. Wir fürchten – und nicht ganz zu Unrecht –, dass uns diese Subpersönlichkeit in Schwierigkeiten bringen könnte. Wer unabhängig von Konventionen, Erfahrungen, Logik und Rationalität agiert, begibt sich auf ein gefährliches Pflaster. Eine andere Befürchtung ist die, dass uns der Narr unser Selbst schonungslos zeigt, dass er uns die Kontrolle verlieren lässt. Genau das ist jedoch das Ziel dieser im Schatten schillernden Subpersönlichkeit: Sie zeigt uns, dass Freiheit wichtig ist. Der Narr ist wirklich frei. Und in dieser Freiheit liegt eine enorme Kraft. Wenn wir diesem Teil unseres Selbst Raum geben, haben wir die Chance, das zu werden, was wir eigentlich sind.

Der Narr ist nicht nur der Spaßmacher – zumindest nicht in erster Linie. Natürlich wirkt das Unkonventionelle oft spaßig, aber es ist nicht sein Anliegen, »lustig« zu wirken. Sein Anliegen ist die Freiheit. Wenn Sie sich mit dieser Subpersönlichkeit verbinden wollen, müssen Sie das bedingungslos tun, ohne Wenn und Aber. Das fällt nicht leicht. Doch wenn es Ihnen gelingt, sich den Narren zum Freund zu machen, werden Sie sich – vielleicht zum ersten Mal im Leben – wirklich frei fühlen.

GEDANKENSPAZIERGANG

Wie frei sind Sie?

Um die Furcht zu überwinden, die die Freiheit des Narren mit sich bringt, ist es eine gute Idee, die Einsamkeit zu suchen. Gehen Sie tief in den Wald. Dann rufen Sie den Narren zu sich – und staunen Sie, was geschieht. Vielleicht schreien Sie die Bäume an, vielleicht tanzen Sie wie ein Verrückter, vielleicht ziehen Sie sich aus und hüpfen nackt herum wie Rumpelstilzchen ... Dann erleben Sie ein neues Lebensgefühl. Und es fühlt sich gut an!

Franziska

»Ich bin dem Narren zum ersten Mal bei einem einsamen Strandspaziergang begegnet. Es kostete mich ganz schön Überwindung! Aber es war ja niemand da, der mich sehen konnte. Es war wirklich wahnsinnig befreiend. Ich zog mich aus, sprang nackt durch die Dünen, schrie das Meer an... Ich explodierte fast vor Lebensfreude! Als ich zurückkam, sahen mich meine Freunde ganz erstaunt an und meinten, ich hätte so ein Leuchten in den Augen... Und so fühlte ich mich auch. Dieses Gefühl blieb eine ganze Weile bei mir. Seitdem nehme ich öfter mal mit meinem ›Freak‹ Verbindung auf, wenn ich das Gefühl der grenzenlosen Freiheit vermisse.«

Der Tod

Der Tod - das klingt für die meisten von uns erst einmal bedrohlich. Keine andere Subpersönlichkeit wird so konsequent mit dem Schatten identifiziert wie diese. Und doch ist auch sie ein wichtiger Teil von uns.

Alles, was ist, ist begrenzt und endlich. Selbst das Universum, wenn man den Erkenntnissen der modernen Physik glaubt. Als intellektuelle Einsicht ist das nicht so schwer zu verstehen. Was uns jedoch Probleme macht, ist die gefühlsmäßige Einsicht, dass auch wir begrenzt und endlich sind. (Zwar lehren die meisten Religionen, dass wir nach dem Tod weiterleben - doch offensichtlich ändert das nur wenig an der grundlegenden Angst vor der Endlichkeit!)

Der Philosoph Schopenhauer erkannte dies ganz deutlich und sprach das Paradoxon an, das mit dieser Angst zusammenhängt: Warum haben wir Angst, nicht mehr zu sein, aber keine Angst, wenn wir daran denken, die unendliche Zeit vor unserer Geburt nicht gewesen zu sein? Schopenhauer war stark vom Buddhismus beeinflusst. Und im Buddhismus wird nicht das

Ziel eines endlosen Weiterlebens angestrebt – das Ziel des Menschen ist Nirwana, das Aufgehen im All-Einen, das Ende des Leids.

Der Tod – die Subpersönlichkeit – ist Buddhist. Er kann uns von der Angst vor der Endlichkeit und damit von fast allen anderen Ängsten befreien. Er ist das Gegenstück zum Spirituellen Selbst, aber nicht das Gegenteil. Wenn die Stimme des Spirituellen Selbst wie ein helles Glöckchen klingt, klingt der Tod wie ein tiefer Gong.

Wir gewinnen an Freiheit und Freude, wenn es uns gelingt, mit dieser Subpersönlichkeit Freundschaft zu schließen. Sie ist die Quelle tiefsten Friedens. Sie hilft uns – wie das Spirituelle Selbst oder die innere Weisheit –, unsere wahren Ziele zu verfolgen und uns selbst zu finden.

Jan

»Ich begann erst mich mit dem Tod zu beschäftigen, als mein Vater im Sterben lag. Das war für mich zuerst nur grausam und unvorstellbar. Ich wollte nicht, dass er geht. Da ich damals schon damit begonnen hatte, mit meinen Subpersönlichkeiten zu kommunizieren, hatte ich viele innere Helfer, die mir beistanden. Das machte es leichter für mich, damit umzugehen. Doch mit dem ›Begleiter in die Stille‹, wie ich heute die Tod-Subpersönlichkeit nenne, wollte ich lange nicht sprechen. Ich hatte einfach Angst. Aber da gibt es nichts zu fürchten. Natürlich bin ich traurig, dass mein Vater tot ist. Aber es ist kein Vernichtungsgefühl, sondern ein liebevolles Bedauern, nicht mehr mit ihm zusammen zu sein. Was das Entscheidende ist: Ich sehe den Tod heute nicht mehr als Feind, sondern als Begleiter in einen tiefen Frieden.«

Die machtvollen Stimmen

Die Kraft verleiht Gewalt, die Liebe leiht Macht.

Aphorismen
Marie von Ebner-Eschenbach

Es gibt ein paar Subpersönlichkeiten, die ganz besondere Energien haben. Dazu gehören die inneren Eltern, die oft unser Tun, Denken und Fühlen beeinflussen, ohne das uns das bewusst wird, sowie die archetypischen Subpersönlichkeiten des Königs/der Königin und des Magiers/der Hexe, die viel mit unserem Umgang mit Macht und Intuition zu tun haben.

Die inneren Eltern

Bei den inneren Eltern handelt es sich nicht um eine, sondern natürlich um zwei Subpersönlichkeiten. Sie können grundverschieden sein. Sie können mit einer Stimme sprechen und sich einig sein, aber ebenso können sie sich auch heftig bekämpfen. Sie sind die inneren Repräsentationen unserer Eltern.

Der innere Vater und die innere Mutter haben auch als archetypische Subpersönlichkeiten Bedeutung – als das bestimmende und das nährende Prinzip. Uns geht es hier jedoch um einen ganz bestimmten Aspekt, den die inneren Eltern immer gemeinsam haben: Sie spielen eine außerordentliche Rolle für die tief verwurzelten Ansichten und Glaubensmuster (auch über uns selbst) – siehe auch »Familien-Subpersönlichkeiten«, Seite 50 f. Das ist ja auch leicht zu verstehen: Als Kleinkinder lernten wir die Welt kennen. Und die soziale Welt bestand zunächst einmal aus unseren Eltern. Ein großer Teil unserer sozialen Fähigkeiten, unseres Urvertrauens und unserer Liebesfähigkeit hängen damit zusammen, wie wir unsere Eltern erlebten.

Die inneren Eltern verkörpern jedoch nicht unsere realen Eltern. Es ist wichtig, das zu verstehen. Selbst wenn unsere Eltern uns misshandelt, missachtet oder ignoriert haben – die inneren Eltern sind Teile unserer selbst. Wir können mit ihnen kommunizieren, ihre positiven Absichten anerkennen und ihnen Möglichkeiten zeigen, neue, bessere Wege zu beschreiten. Es ist von äußerster Wichtigkeit, diese Subpersönlichkeiten kennen zu lernen und mit ihnen zu arbeiten. Denn sie haben einen gewaltigen Einfluss auf unser Leben. Da dieser Einfluss in aller Regel völlig im Unterbewussten wirksam ist, fehlt uns ein wichtiger Teil unserer Freiheit und Selbstbestimmtheit.

Es ist schön, wenn Sie sich gut mit Ihren realen Eltern verstehen. Es ist wunderbar, wenn Sie sich mit ihnen aussöhnen und Verletzungen verzeihen. Aber es ist von allergrößter Wichtigkeit, dass Sie mit Ihren *inneren* Eltern Verbindung aufnehmen. Und dafür spielt es gar keine Rolle, wie Sie mit Ihren realen Eltern auskommen. Selbst wenn sie tot sind: Ihre *inneren* Eltern sind wohlauf und quicklebendig und beeinflussen jede Minute Ihres Lebens!

Sprechen Sie mit ihnen und befreien Sie sich von den alten Mustern, die Ihr Leben bestimmen!

Ronja

»Also mit meinen Eltern kam ich eigentlich immer gut zurecht, wenn sie mich auch ab und zu mit ihren konservativen Ansichten zur Verzweiflung treiben konnten. Was mich wirklich nervte, war, dass ich immer wieder merkte, dass ich manchmal genauso wie meine Eltern sprach und handelte – obwohl ich das gar nicht wollte. Als ich mit meinen inneren Eltern Verbindung aufnahm, fiel es mir wie Schuppen von den Augen. Ich hatte Teile in mir, die all das, was meine Eltern vertraten, als feststehende Wahrheiten aufgehoben hatten und mir immer wieder unterschoben. Gut, dass sich zumindest meine inneren Eltern als lernfähig erwiesen haben!«

Der König/Die Königin

Als den König/die Königin bezeichnen wir die in jedem Menschen vorhandene, archetypische Kraft, die unsere stärksten Emotionen wachrufen und gleichzeitig kontrollieren kann - mit dem Ziel, unsere Position in der Welt zu stärken. Diese Subpersönlichkeit ist unser Machtwille. Sie ist der Herrscher in uns; der Herrscher, der die äußeren Dinge beherrscht (aber nicht unbedingt die inneren!).

Menschen, die sich in der Welt gut durchsetzen können, folgen in der Regel der Stimme dieser inneren Persönlichkeit. Geschieht das unbewusst, wird der Wunsch nach Macht und Kontrolle über andere mitunter ohne Rücksicht auf andere Bedürfnisse und andere Subpersönlichkeiten (ganz zu schweigen von den Bedürfnissen anderer Menschen) durchgesetzt. Das hat, wie Sie sich sicherlich vorstellen und leider nur allzu häufig beobachten können, oft ziemlich negative Auswirkungen.

Auf der anderen Seite ist der König/die Königin eine der wertvollsten Kräfte in unserem Leben - sofern wir dieser Subpersönlichkeit bewusst begegnen und ihr Durchsetzungsvermögen in Einklang mit unseren anderen Teilen bringen. Am leichtesten können Sie Verbindung zu Ihrer Herrscher-Subpersönlichkeit aufnehmen, wenn Sie prüfen, welche Ziele Sie erreichen wollen - und dann (am besten über den Moderator) an Ihr Inneres die Frage stellen: Welcher Teil kann mir helfen, mich durchzusetzen, ohne meine Ideale aufzugeben? Mit großer Wahrscheinlichkeit wird sich dann Ihre Herrscher-Subpersönlichkeit zu Wort melden.

Stellen Sie einen Dialog mit dieser Subpersönlichkeit und anderen Teilen her, die Einwände gegen den Einfluss des Königs/der Königin vorzubringen haben. Sie können durch die Verbindung mit Ihrer Herrscher-Subpersönlichkeit enorme Kräfte für Ihre Ziele mobilisieren!

Barbara

»Macht war für mich lange ein sehr negativ besetzter Begriff. Ich brachte ihn immer mit Rücksichtslosigkeit, Gewalt und Aggressivität in Verbindung. Daher hatte ich durchaus auch mit mir selbst Probleme: Ich wollte in unserer Firma Karriere machen, aber ich verurteilte mich selbst dafür. Als ich bewusst Verbindung zu meiner inneren Chefin [Königin] aufnahm, wurde mir klar, dass Macht nichts Böses ist. Nur wenn das Böse mächtig ist, ist Macht schlecht. Es ist hingegen doch nur gut, wenn ich meine Ideale und Pläne durchsetzen kann, wenn ich meine Position nutze, um auch andere weiterzubringen!«

Der Magier/Die Hexe

In unserem Unterbewusstsein schlummern erstaunliche Energien. Wenn wir Menschen mit besonderen Begabungen betrachten, sehen wir, zu was der Mensch in einigen Fällen fähig ist. Es mag wohl sein, dass nicht jeder Mensch in der Lage ist, wie Mozart 10-stimmige Choräle nach einmaligem Hören zu notieren, wie Einstein oder Steven Hawking mathematische Gebilde von ungeheurer Komplexität zu entwickeln oder wie Tizian, Michelangelo oder Leonardo da Vinci Gemälde zu entwerfen, die uns vor Ehrfurcht verstummen lassen. Und doch zeigen diese Beispiele, zu was der Mensch prinzipiell fähig ist.

Vielleicht halten Sie sich nicht für ein Mathematikgenie. Möglicherweise wissen Sie auch nicht, was Differenzial- und Integralrechnung ist – geschweige denn, dass Sie dergleichen komplizierte Dinge berechnen können. Tatsächlich aber können Sie genau das! Wenn Sie in einem einfachen Ballspiel im Laufen einen geworfenen Ball fangen können, führt Ihr Unterbewusstsein Berechnungen aus, die nur wenige Mathematiker aufs Papier bringen können – aber selbst der beste Mathematiker könnte die notwendigen Berechnungen der Bahn eines geworfenen

Balls unter Einfluss der Schwerkraft, der Reibung und unter Berücksichtigung Ihrer Laufbewegung - wenn überhaupt - sicherlich nicht in Sekundenbruchteilen bewusst durchführen. Ihrem Unterbewusstsein dagegen fällt das leicht. Es ist also eigentlich kaum begreiflich, wie wir einen Ball fangen können. Und was wir nicht verstehen, erscheint uns oft wie Zauberei.

Diese Art von Magie beherrscht die Subpersönlichkeit, die wir den Magier, den Zauberer oder die Hexe nennen möchten. Sie ist der Teil unseres Unterbewussten, der ganzheitlich und »magisch« denkt, fühlt und handelt. Diese Subpersönlichkeit ist die Quelle unserer Intuition, die alle Möglichkeiten des Unterbewusstseins nutzt, um uns mit überraschenden, nichtlogischen Informationen zu versorgen. Verbindung mit diesem Teil unserer selbst herzustellen, ist daher sehr bereichernd: Sie wissen gar nicht, was Sie alles können! Wenn Ihre Intuition optimal funktioniert, werden Sie sich immer wieder selbst überraschen.

Es ist wie ein Spiel, Kontakt zu dem Magier/der Hexe aufzunehmen, und es kann wirklich Spaß machen. Schaffen Sie sich ein kleines Ritual - mit Kerze, Tanz, Gesang, wie Sie möchten. Rufen Sie dann Ihren Magier zu sich und bitten Sie ihn/sie, Ihnen Rat zu erteilen oder Ihnen ein Zeichen zu geben.

Das mag ein wenig mysteriös klingen. Aber das soll es auch sein: Auf solche Signale reagiert Ihr Magier. Denken Sie daran - es geht um den Teil in Ihnen, der magisch, ganzheitlich, nicht-logisch, intuitiv denkt, fühlt und handelt! Lassen Sie sich überraschen...

Nina

»Zuerst war es nur ein Spiel für mich, ein Ritual zur ›Anrufung der inneren Schamanin‹ zu entwerfen. In gewisser Weise ist es das immer noch. Aber es ist schon auch mehr: Ich habe das Gefühl, dass ich wirklich Verbindung zu meiner Intuition bekommen habe. Ich bilde mir nicht ein, dass ich jetzt magische Kräfte hätte oder die Lottozahlen voraussagen könnte. Aber es sind mir schon interessante Dinge passiert: Ich studiere Lehramt, unter anderem Chemie. Ein Problem, das ich lange nicht verstanden habe, tauchte nach einer Sitzung mit meiner inneren Schamanin im Traum auf - als Geschichte, die ich sofort verstand. Als ich aufwachte, war mir die Sache immer noch klar. Ich hatte das Problem im Traum gelöst - wie ich glaube, durch die Hilfe meiner inneren Schamanin! Und ist das nicht ein wenig Magie?«

Gemischter Chor

In necessariis unitas, in dubiis libertas, in omnibus autem caritas.
In notwendigen Dingen Einheit, in zweifelhaften Freiheit,
in allen aber Liebe.

Die Wahlverwandtschaften I, 6
Johann Wolfgang von Goethe

Wir haben Sie nun mit einigen interessanten Subpersönlichkeiten bekannt gemacht. Diese Teile Ihres Unterbewusstseins sind sozusagen die »prominenten Subpersönlichkeiten«. Sie haben eine besondere Bedeutung und können Ihr Leben verändern.

Doch in Ihrem Alltag werden Sie vielleicht eher mit Ihren »kleinen« Subpersönlichkeiten arbeiten wollen, mit Ihren ganz persönlichen Teilen, die durch Ihre individuelle Lebensgeschichte entstanden sind. Vielleicht haben Sie Probleme mit Ihrem Gewicht? Sprechen Sie einmal mit Ihrem inneren Genießer! Vielleicht nervt Sie ein Kollege am Arbeitsplatz? Sprechen Sie mit der Subpersönlichkeit, die sich besonders über diesen Menschen ärgert und versuchen Sie, mithilfe anderer kreativer Teile eine konstruktive Lösung zu finden. Sie sind eifersüchtig? Sprechen Sie mit dem eifersüchtigen Teil Ihrer selbst und finden Sie einen Weg, das, was Sie wirklich wollen, zu erreichen und nicht zu zerstören.

Der liebevolle Dialog mit Ihren Subpersönlichkeiten wird Sie mit Teilen Ihres Selbst in Verbindung bringen, von denen Sie vielleicht bislang noch nichts ahnten. Er wird Ihr Leben bereichern, vielleicht sogar verändern, aber auf jeden Fall bunter und bewusster gestalten.

Im folgenden Kapitel wollen wir nun etwas ganz anderes ausprobieren: Wir werden die Subpersönlichkeiten und ihre Beziehungen »aufstellen«. Und das kann ziemlich spannend werden ...

Die Aufstellung der Subpersönlichkeiten

Man sieht auf dem einen Standpunkt ein Stück Welt mehr als auf dem anderen. Aber das ist auch alles, und man kann nicht sagen, dass man auf dem einen mehr Recht hätte als auf dem andern.

zu Eckermann, 17.2.1831
Johann Wolfgang von Goethe

Die SP-Aufstellung unterscheidet sich radikal vom inneren Dialog mit Ihren Subpersönlichkeiten, den Sie in den vorangegangenen Kapiteln kennen gelernt haben. Während Sie bei der Dialogmethode vor allem über die Sprache mit den inneren Persönlichkeiten in Verbindung treten, kommen Sie bei der Aufstellung zunächst einmal ganz ohne Sprache aus.

Das hat Vor- und Nachteile.

Die Sprache ist ihrer Natur nach eindimensional. Ein in Worte gefasster Gedanke ist linear, logisch, Schritt für Schritt nachvollziehbar. Das gibt Sicherheit - und macht es leichter, diesen Gedanken zu wiederholen. Mit Gefühlen und Bildern ist es komplizierter: Ein Bild können wir nicht Schritt für Schritt »lesen«, sondern wir können es nur als Ganzes erfassen. Sobald wir versuchen, Einzelheiten herauszugreifen, geht das, was das Bild ausmacht, verloren.

Unsere Gefühle haben den Charakter von Bildern. Wir können unsere Gefühle nur als Ganzes erfahren. Sobald wir beginnen, sie zu zerlegen, sind es keine Gefühle mehr, sondern Gedanken über Gefühle. Das heißt jedoch nicht, dass Gedanken über Gefühle unwichtig wären. Gedanken können wiederum Gefühle auslösen, Bedingungen für negative Gefühle erkennen und Möglichkeiten finden, diese Bedingungen zu verändern. Das Lineare und Logische der Sprache und das Mehrdimensionale, Ganzheitliche des bildhaften, gefühlsmäßigen Denkens ergänzen also einander.

Bei der Aufstellung Ihrer Subpersönlichkeiten geht es vorerst um Gefühle und um Gefühle erzeugende »Bilder«. Allein das kann schon viel verändern, wie Sie sehen werden. Aber auch die Aufstellungsarbeit kommt letztendlich nicht ganz ohne Sprache aus. Wir wollen nicht nur positive Veränderungen erfahren, sondern die Veränderungen auch verstehen.

Die Aufstellung der Subpersönlichkeiten (SP) als Gruppenübung und in der Selbstanwendung

Ursprünglich haben wir die SP-Aufstellung für die Gruppenarbeit entwickelt (siehe auch Seite 63 ff.). Und wir sind auch davon überzeugt, dass die Arbeit in der Gruppe letztlich am sinnvollsten ist. Doch nachdem Sie nun schon vertrauter mit den Subpersönlichkeiten sind, möchten wir Ihnen auch in diesem Buch die Möglichkeit geben, mit der Aufstellungsarbeit zu experimentieren. Bitte behalten Sie aber im Auge, dass Sie sozusagen als Gruppenteilnehmer eine schwierige Aufgabe zu bewältigen haben. Lassen Sie sich nicht entmutigen. Versuchen Sie, die geschilderten Übungen, so gut Sie es können, durchzuführen. Mehr können Sie nicht von sich verlangen. Je öfter Se sich mit den Übungen beschäftigen, desto leichter werden sie Ihnen fallen.

Grundlagen der Aufstellungsarbeit

Was ist heilig? Das ist's, was viele Seelen zusammen bindet, bänd es auch nur leicht, wie die Binse den Kranz.

Vier Jahreszeiten 68
Johann Wolfgang von Goethe

Bis zu einem gewissen Grad ist der SP-Dialog eine Voraussetzung für die Aufstellungsarbeit. Um Ihre Subpersönlichkeiten aufzustellen, müssen Sie sie natürlich zunächst einmal identifizieren. Und das geht am besten mit den Methoden, die wir Ihnen beim SP-Dialog vorgestellt haben. Sie müssen jedoch nicht unbedingt mit einer Subpersönlichkeit, mit der Sie in der Aufstellung arbeiten wollen, einen inneren Dialog geführt haben (obwohl das hilfreich ist), doch Sie sollten die Teile Ihrer selbst zumindest spüren.

Um was geht es aber nun eigentlich bei der SP-Aufstellung? Wenn Sie mit dem Familienstellen (aus der Familientherapie, der Verhaltenstherapie oder aus dem Familienstellen nach Bert Hellinger) vertraut sind, kennen Sie das Prinzip. In der Gruppe geht das Aufstellen etwa so vonstatten: Ein Teilnehmer sucht sich Gruppenmitglieder aus, die beispielsweise den Vater, die Mutter, den Bruder oder andere Familienmitglieder symbolisieren. Dann stellt er diese Personen auf eine Position im Raum, die die Beziehung am besten widerspiegelt. Dabei geht es nicht um rationale Überlegungen, sondern ausschließlich um die Gefühle.

Wenn Sie noch keine Erfahrung mit Aufstellungsarbeit gemacht haben sollten, fällt es Ihnen möglicherweise nicht leicht, diesen Schritt beim bloßen Lesen nachzuvollziehen. Versuchen Sie aber dann, sich einmal vorzustellen, dass Sie einem Bekannten direkt gegenüberstehen und ihm in die Augen schauen. Danach stellen Sie sich vor, Sie stünden rechts einen Schritt hinter ihm. Oder fünf Meter von ihm entfernt, den Blick nicht auf ihn, sondern auf etwas anderes gerichtet. Spüren Sie, wie unterschiedlich Ihre Gefühle dabei sind?

Der zweite Schritt (in der Gruppenarbeit) besteht dann darin, die aufgestellten Personen zu befragen, wie sie sich in ihrer jeweiligen Position im Verhältnis zu Ihnen fühlen. Dabei treten meist bereits überraschende, aber zutreffende Dinge zutage, die ein Licht auf die Beziehung zu der jeweiligen (symbolisierten!) Person werfen.

In einem weiteren Schritt wechselt die Hauptperson dann mit den aufgestellten Personen den Platz – und nimmt damit sozusagen den Platz des Vaters, der Mutter usw. ein, um aus dieser Position einen Blick auf sich selbst und die Beziehung zu werfen.

In der Personalen Integration stellen Sie nun keine Personen aus der Außenwelt auf, sondern die Persönlichkeiten aus Ihrem Inneren: das innere Kind, die inneren Eltern, den inneren Freund, den inneren Kritiker ... Die Aufstellungsarbeit ist jedoch ansonsten sehr ähnlich der, die wir gerade beschrieben haben.

Die Aufstellung ohne Gruppe

Wenn Sie nicht in einer Gruppe arbeiten, brauchen Sie einfach etwas mehr Vorstellungskraft. Unserer Erfahrung nach ist es dann durchaus möglich, die Aufstellungsarbeit auch im Alleingang durchzuführen.

Dabei stellen Sie Ihre Subpersönlichkeiten zunächst auf einem »Aufstellungsblatt« auf (auf den folgenden Seiten finden Sie einige Beispiele). Sie sollten anfangs nicht mehr als vier Subpersönlichkeiten aufstellen – und eine davon sollte möglichst Ihr innerer Freund sein. Wenn Ihre Vorstellungskraft sehr gut ausgeprägt ist, können Sie die weiteren Schritte in der Vorstellung ausführen; wir empfehlen Ihnen jedoch, die Übung mit

wirklicher Bewegung im Raum zu verbinden. Dabei tun Sie das, was wir oben bei der Gruppenarbeit beschrieben haben – Sie nehmen nacheinander die Positionen Ihrer aufgestellten Subpersönlichkeiten ein, wobei Sie sich an Ihrem Aufstellungsblatt orientieren.
Hinweis: Es bieten sich verschiedene instrumentelle Hilfen an, um die Aufstellungsarbeit durchzuführen.

1. *Aufzeichnen:* Sie nehmen ein Blatt und zeichnen dort den Standpunkt Ihres Ich-Zentrums auf, bezeichnen die jeweiligen Subpersönlichkeiten und gruppieren sie darum herum, siehe Beispiel. – Für jede Veränderung erstellen Sie ein neues Blatt.
2. *Ausschneiden bzw. Kopieren:* Sie legen ein Blatt mit diversen Kreisen an, schneiden sie aus und können nun in der Aufstellung beweglicher agieren. (Auf den Seiten 201, 203, 205 finden Sie eine entsprechende Kopiervorlage bzw. Vorlagen zum Ausschneiden.)
3. *Symbolisierende Gegenstände:* Für die Aufstellung eignen sich auch Spielfiguren oder andere Gegenstände Ihrer Wahl. Achten Sie aber darauf, dass sie charakteristisch genug sind, um die jeweiligen Subpersönlichkeiten auseinander halten zu können.

Zunächst aber ist es wichtig, dass Sie Ihre eigene Position – also die Position Ihres Gegenwarts-Ichs, Ihres Bewusstseinszentrums – genau festlegen.

ICH – Das Persönlichkeitszentrum

Ihr Ich steht im Zentrum. Wenn Sie sich eine Position im Raum wählen, sollten Sie sie in der Regel so wählen, dass Sie auf allen Seiten Platz haben, um Ihre Subpersönlichkeiten aufzustellen. Es kann aber auch sein, dass Sie sich damit nicht wohl fühlen, sondern dass Sie eine Wand, einen Schrank oder Ähnliches hinter sich brauchen. Machen Sie das dann ruhig auch – Sie können Ihre Position später verändern (oder aber den Teil aufstellen, der das Schutzgefühl repräsentiert). Im Aufstellungsblatt haben wir das Ich jedoch immer in der Mitte eingetragen.

Machen Sie sich ganz klar, wo Ihr Persönlichkeitszentrum im Raum ist. (Sie sollten auch ein Symbol, beispielsweise ein Foto, haben, das Ihre Person kennzeichnet, wenn Sie später die Positionen Ihrer Subpersönlichkeiten einnehmen.)

Um das Ich, Ihr Persönlichkeitszentrum, herum stellen Sie nun die verschiedenen Subpersönlichkeiten auf, die durch Kreise symbolisiert sind.

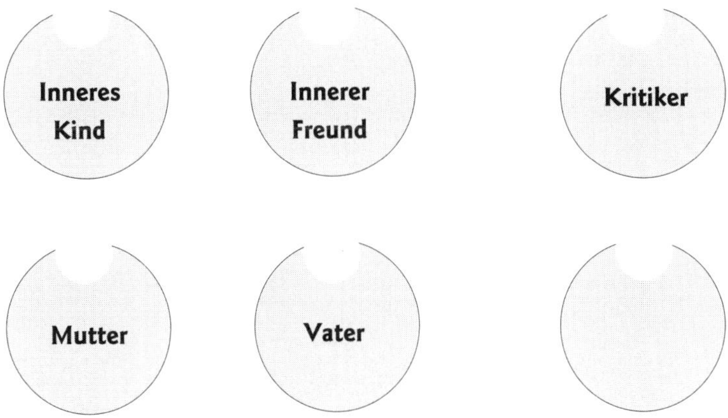

Die Lücke in den Kreisen dient dazu, die Orientierung, also die Blickrichtung der Subpersönlichkeiten anzuzeigen. Es macht einen ganz entscheidenden Unterschied, ob eine Subpersönlichkeit sich unserem Ich (oder einer anderen Subpersönlichkeit) zu- oder abwendet!

Wenn Sie Ihre Subpersönlichkeiten aufgestellt haben, beginnt die eigentliche Arbeit. Sie gehen nun daran, die Positionen Ihrer Subpersönlichkeit einzunehmen, um von deren Warte aus ihre Gefühle wahrzunehmen. Begeben Sie sich an den Platz, den Sie der betreffenden Subpersönlichkeit zugewiesen haben und versuchen Sie, sich mit den Gefühlen dieses Teils Ihrer selbst zu identifizieren und ihren Bedürfnissen nachzuspüren. Fühlt sich die betroffene Subpersönlichkeit dort wohl? Fühlt sie sich ausgegrenzt? Oder hat sie das Gefühl, eine bestimmte Aufgabe wahrnehmen zu müssen? Gehen Sie ganz in diese Gefühle hinein.

Probieren Sie aus, wie sich Gefühle verändern, wenn Sie die Position dieser Subpersönlichkeit in Bezug auf Ihr Ich verändern. Vielleicht fühlt sie sich wohler, wenn sie Ihrem Ich näher oder ferner ist, wenn sie eine andere Blickrichtung wählt oder von der linken auf die rechte Seite wechselt. Experimentieren Sie!

Kehren Sie dann wieder in Ihr Gegenwarts-Ich zurück und nehmen Sie wieder die Ich-Position ein. Gehen Sie anschließend zur nächsten Subpersönlichkeit über.

Auffällige Konstellationen

Alle glücklichen Familien gleichen einander.
Jede unglückliche Familie ist auf ihre eigene Art unglücklich.

Anna Karenina
Leo Nikolajewitsch Graf Tolstoi

Wenn Sie mit Aufstellungen arbeiten, werden Ihnen Beziehungszusammenhänge unmittelbar klar werden. Es bedarf dazu eigentlich keiner langen Erklärungen - die Aufstellungsbilder sind Gefühlsbilder, die für sich sprechen.

Wenn Sie alleine arbeiten, werden Sie sich jedoch vielleicht anfangs etwas unsicher fühlen. Daher wollen wir Ihnen im Folgenden ein paar Denkanstöße dafür geben, welche der Konstellationen in der Regel besondere Bedeutungen haben. Ihr Gefühl ist jedoch wichtiger als jede Erklärung. Hören Sie auf Ihre Gefühle. Im Zweifelsfall haben Ihre Gefühle Recht!

Zuwendung und Abwendung

Wenn Sie Ihre Subpersönlichkeiten betrachten, ist der erste wichtige Aspekt die Blickrichtung. Sie sagt meist mehr als die Entfernung. (Wir werden im Folgenden immer die Beziehung von Subpersönlichkeiten zum Ich betrachten - alles Gesagte gilt jedoch ebenso für die Beziehungen der Subpersönlichkeiten untereinander!)

In der folgenden Abbildung erkennen Sie vier Blickrichtungen:

- *Subpersönlichkeit A:* A ist dem Ich zugewandt. In den meisten Fällen ist das eine Position, die Vertrautheit, aber Unsicherheit oder ein Bedürfnis signalisiert.
- *Subpersönlichkeit B:* B ist dem Ich zwar ebenfalls zugewandt, konfrontiert es jedoch direkt. Diese Position weist in der Regel deutlich auf ein dringendes Bedürfnis hin. B blockiert den

Blick des Ich nach vorn. Sie hindert das Ich daran, nach vorne zu blicken und sich weiterzuentwickeln.

- *Subpersönlichkeit C:* Diese Subpersönlichkeit fühlt sich vernachlässigt und hat sich abgewandt bzw. zurückgezogen. Diese Position zeigt, dass es wichtig ist, überhaupt erst einmal Verbindung zu dieser Subpersönlichkeit aufzunehmen.
- *Subpersönlichkeit D:* Das Ich und die Subpersönlichkeit stehen nebeneinander und blicken in die gleiche Richtung – beide arbeiten auf das gleiche Ziel hin und sind miteinander vertraut. Diese Position zeigt in der Regel eine Subpersönlichkeit an, die gut in das Selbstbild integriert ist.

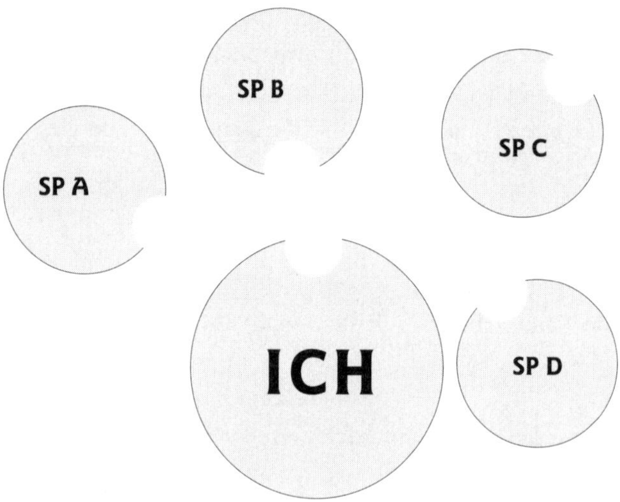

Nähe und Distanz

Die Entfernung einer Subpersönlichkeit zum Ich ist natürlich ebenfalls aussagekräftig – dabei hängt es jedoch sehr von der betreffenden Subpersönlichkeit ab, welches die »beste« Distanz ist. Subpersönlichkeiten wie beispielsweise der Kritiker haben, wenn sie gut in die Gesamtpersönlichkeit integriert sind, immer noch ein wenig Abstand zum Persönlichkeitskern. Das braucht er, um seine Aufgaben zu erfüllen. Ein Kritiker, der beinahe mit dem Bewussten Ich verschmilzt, wird seine Aufgabe, kritisch zu bewerten, nicht wahrnehmen können, ohne die Gesamtpersönlichkeit selbst zum Kritiker zu machen. Subpersönlichkeiten wie das innere Kind oder der innere Freund hingegen brauchen die Nähe, um wirksam zu werden.

Lassen Sie uns dennoch vier Distanzen betrachten.

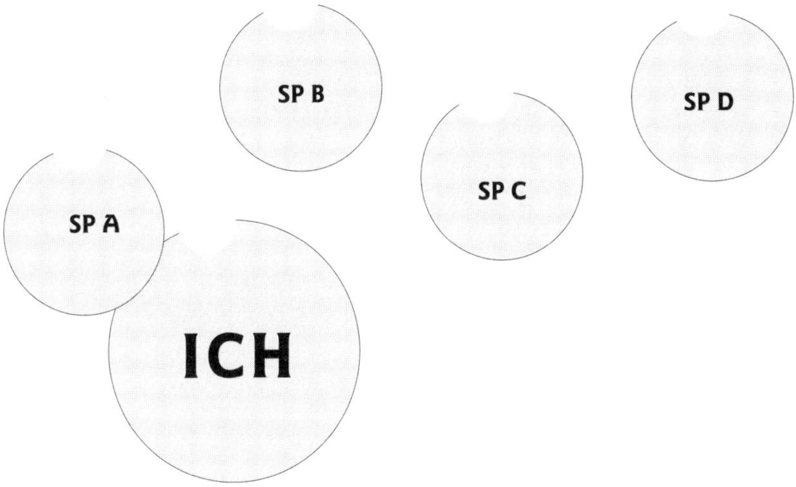

- *Subpersönlichkeit A:* Der Kontakt signalisiert Vertrautheit und Nähe. Diese Nähe weist auf eine Integration in die Gesamtpersönlichkeit hin (oder bei zwei Subpersönlichkeiten, die einander so nahe sind, eine enge Zusammenarbeit, die bis zur Verschmelzung gehen kann). Wir haben schon erwähnt, dass eine solche Nähe für einige Subpersönlichkeiten angemessen ist (z.B. für das innere Kind, den inneren Freund, das Spirituelle Selbst), für andere wiederum nicht (z.B. für den Kritiker, den Träumer, den Realisten, die inneren Eltern).

- *Subpersönlichkeit B:* Diese Entfernung weist in der Regel auf eine gesunde Nähe hin. Die Subpersönlichkeit ist »in Reichweite«.
- *Subpersönlichkeit C:* Hier hält die Subpersönlichkeit eine gewisse Distanz. Mitunter kann das so richtig sein. Jemand, dessen Kritiker sehr stark ist und dessen Kritik oft das Selbstbild betrifft, wird mit einem Kritiker, der etwas Abstand hält, meist besser zurechtkommen. Die Distanz im Beispiel ist jedoch an einer Grenze.
- *Subpersönlichkeit D:* Hier ist die Grenze, innerhalb der sich Subpersönlichkeit C noch bewegte, überschritten. Eine solche deutliche Distanz - vor allem, wenn sie auch noch mit einer abgewandten Haltung verbunden ist - weist darauf hin, dass diese Subpersönlichkeit nur sehr wenig in die Gesamtpersönlichkeit integriert ist. Mit einer solchen Subpersönlichkeit sollte man dringend arbeiten!

Die Bedeutung der »vier Himmelsrichtungen«

Es gibt eine wichtige Bedeutung der Seiten - rechts und links. Dabei ist es jedoch von entscheidender Bedeutung, ob Sie Links- oder Rechtshänder sind - beziehungsweise, welcher Ihrer beiden Seiten Sie vermehrt bewusste Aufmerksamkeit widmen. (Das muss nicht immer die Seite der dominanten Hand sein, auch wenn das meist der Fall ist.) Möglicherweise ist es Ihnen bisher gar nicht bewusst, dass Sie eine Seite bevorzugen.

Wissenschaftliche Untersuchungen haben jedoch eindeutig gezeigt, dass jeder Mensch eine Seite bevorzugt - und dabei gibt es sehr interessante Befunde. Auf der einen Seite nehmen wir beim Hören besser logische Informationen auf, auf der anderen Seite erkennen wir Gefühle schneller und genauer. Unser Gehirn besteht aus zwei Hälften, die zwar gleich aussehen, aber ganz unterschiedliche Funktionen haben. (Diese Trennung der Funktionen ist bei Männern stärker ausgeprägt als bei Frauen. Daher sind Frauen in vielen Bereichen flexibler. Aber auch für Frauen gilt, dass sich die Gehirnhälften in ihrer Funktion unterscheiden.)

Bei den meisten Menschen (die in der Regel Rechtshänder sind) ist die linke Gehirnhälfte auf logische, sprachliche und symbolische Strukturen spezialisiert, während die rechte Gehirnhälfte eher bildhafte und gefühlsbetonte Muster verarbeitet. Bei den meisten Linkshändern ist es umgekehrt.

Stellen Sie in folgendem kurzen Test fest, welcher Seite Sie mehr Aufmerksamkeit geben. Je mehr der folgenden Fragen Sie mit »Ja« beantworten, desto eindeutiger liegt Ihre Aufmerksamkeit auf der rechten Seite.

- Sind Sie Rechtshänder?
- Sehen Sie mit dem rechten Auge etwas besser? (Probieren Sie es aus, indem Sie jeweils ein Auge zuhalten.)
- Wenn Sie mit Ihrem Partner spazieren gehen, mögen Sie es dann lieber, wenn er auf Ihrer rechten Seite geht?
- Können Sie auf dem rechten Bein besser stehen oder springen als auf dem linken?
- Neigen Sie beim Küssen den Kopf eher nach rechts als nach links?

Für die Aufstellungsarbeit bedeutet dies: Auf der »bewussten Seite« befinden sich diejenigen Subpersönlichkeiten, die aktiv Ihr Bewusstsein auf direkte Art und Weise bestimmen. Hier haben Sie in der Regel die Stimmen, die Sie häufig als innere Stimmen wahrnehmen – auch wenn Sie noch nie etwas von Subpersönlichkeiten gehört haben. So ist der Kritiker in den meisten Fällen eine solche innere Stimme. Die Subpersönlichkeiten auf der »unterbewussten Seite« melden sich nicht ohne weiteres als innere Stimmen – sie müssen erst bewusst angesprochen werden. Diese Subpersönlichkeiten beeinflussen Ihr Denken, Fühlen und Handeln jedoch ganz genau so stark wie die anderen!

Doch sie wirken subtiler: Sie werden Ihnen als Ihre ureigenen Einstellungen, Ansichten, Meinungen und Gefühle bewusst. Ohne das Subpersönlichkeiten-Modell ist es schwieriger, mit diesen Teilen unseres Selbst zu arbeiten.

Wir haben nun gesehen, wie entscheidend die Positionen rechts und links sind. Was aber bedeutet es, wenn sich Subpersönlichkeiten direkt vor bzw. hinter uns befinden? Hier ist der Unterschied gravierend: Diejenigen Subpersönlichkeiten, die direkt vor uns stehen, suchen sehr deutlich nach Aufmerksamkeit – sie blockieren geradezu den Weg nach vorne. Ihre Botschaft ist: An mir kommst du nicht vorbei!

Bei den Subpersönlichkeiten, die hinter uns stehen, gibt es zwei Möglichkeiten: Die einen verstecken sich, die anderen halten uns den Rücken frei und unterstützen uns. Die Orientierung zeigt meist, welche dieser beiden Möglichkeiten gegeben ist.

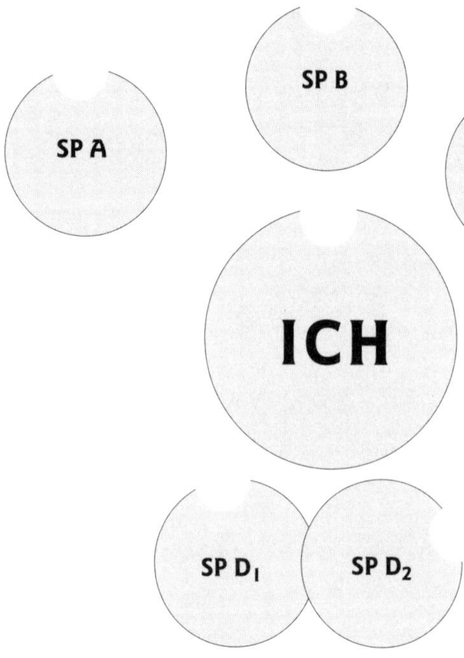

Wir fassen zusammen:

- *Subpersönlichkeit A:* Unterbewusste Seite (bei Rechtshändern) - diese Subpersönlichkeiten erscheinen in unserem Bewusstsein als nicht weiter begründbare Einstellungen, Meinungen, Gefühle.
- *Subpersönlichkeit B:* Direkt vor uns - diese Teile unseres Selbst haben ein dringendes Bedürfnis; sie verlangen mit aller Macht nach Aufmerksamkeit.
- *Subpersönlichkeit C:* Bewusste Seite (bei Rechtshändern) - diejenigen unserer inneren Stimmen, die wir deutlich vernehmen können.
- *Subpersönlichkeit* D_1: Hinten, uns zugewandt - Subpersönlichkeiten, die uns unterstützen und schützen.
- *Subpersönlichkeit* D_2: Hinten, abgewandt - Subpersönlichkeiten, die sich vor unserem bewussten Ich verstecken wollen.

Spannungsbögen

Bis hierher haben wir ausschließlich eine Subpersönlichkeit im Verhältnis zum Bewussten Ich betrachtet. In der Regel genügt es jedoch nicht, die verschiedenen Zweierbeziehungen anzusehen; eine Subpersönlichkeit steht nur selten für sich allein, sondern wird von inneren Teilen beeinflusst. Das ist beispielsweise bei einer Blockadestellung deutlich zu sehen.

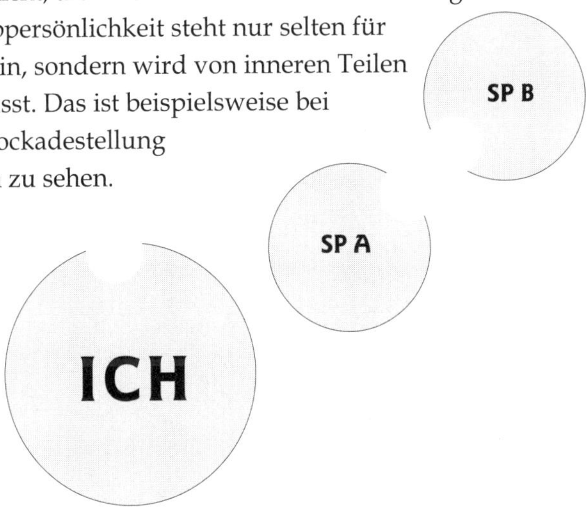

Subpersönlichkeit B ist dem Bewussten Ich zugewandt – doch es kommt zu keiner Kommunikation, weil sich A, eine andere Subpersönlichkeit, dazwischenstellt (siehe Seite 153). Diese Blockadestellung ist jedoch mehrdeutig: A kann B schützen – oder aber abwehren. Das Ergebnis ist jedoch nahezu das Gleiche: Es wird dem Bewussten Ich schwer werden, mit B direkt zu kommunizieren oder überhaupt eine Verbindung zu B herzustellen. Es kann sogar so sein, dass jede vom Bewussten Ich an B gerichtete Kommunikation von A gefiltert wird – und ebenso alle an das Bewusste Ich gerichtete Botschaften von B.

Dieses Beispiel war noch relativ einfach. Es kann aber noch deutlich komplexer werden. Betrachten Sie einmal die folgende Konstellation und überlegen Sie, welche Auswirkungen sie haben könnte.

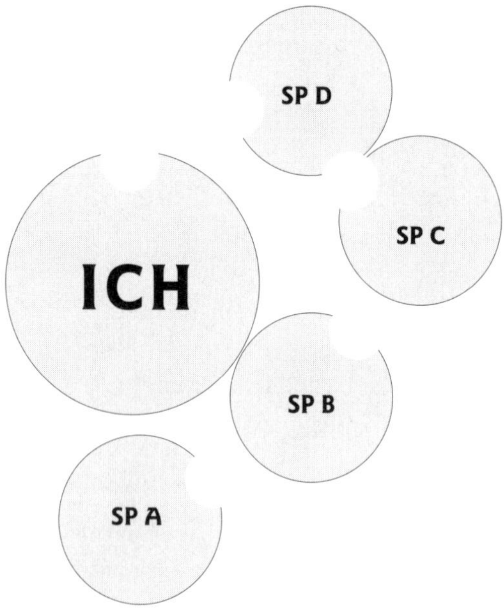

In dieser Konstellation kommuniziert nur eine Subpersönlichkeit D mit dem Bewussten Ich. D und B blockieren C. A beeinflusst B, B beeinflusst C und C kann letztlich nur über D mit dem Bewussten Ich kommunizieren.

Bei diesen etwas komplizierten Szenarien geht es nicht darum, dass Sie eine Konstellation rational analysieren! Wir möchten Sie lediglich dazu einladen, immer das Bild als Ganzes im Auge zu behalten. Wenn Sie nacheinander die Positionen Ihrer Subpersönlichkeiten einnehmen und sich mit ihren Gefühlen verbinden, werden Sie alles spüren, was von Bedeutung ist. Bleiben Sie einfach offen und versuchen Sie - mit Gefühl! - allmählich die problematischen Positionen zu verändern.

Die innere Familie aufstellen

In einer friedlichen Familie
kommt das Glück von selber.

Aus China

Die innere Familie aufzustellen lohnt sich eigentlich immer. Wie wir bereits gesehen haben, ist der Dialog mit dem inneren Kind und den inneren Eltern wichtig, um unausgesprochene Dinge zu klären und Altlasten aufzuarbeiten. Die Aufstellung der inneren Familie ist deshalb so aufschlussreich, weil sich die wechselseitigen Beziehungen auf einen Blick zeigen. Nicht selten tauchen dabei Fragen auf, die im Dialog überhaupt nicht angesprochen wurden. Das liegt daran, dass jeder Dialogarbeit Grenzen gesetzt sind - sobald viele Stimmen gleichzeitig sprechen, verstehen wir keine mehr. Bei der Aufstellung ist das nicht der Fall. Gerade dadurch, dass alle Beteiligten *gleichzeitig* präsent sind, kommt ein Beziehungsbild zustande.

Bei der Aufstellung der inneren Familie sollten Sie mit drei Subpersönlichkeiten beginnen: dem inneren Kind und den inneren Eltern. Später können und sollten Sie natürlich noch andere Personen mit aufnehmen, die eine wichtige Rolle spielen - Geschwister, Großeltern, aber auch den inneren Freund, den Kritiker, den Träumer ...

Wenn Sie sich in die Position einer Ihrer aufgestellten Familien-Subpersönlichkeiten begeben, ist es ratsam, anfangs immer den inneren Freund als Begleiter mitzunehmen. Er ist eine Art »Sicherheitsanker«, wenn auftauchende Gefühle so unangenehm werden, dass Sie sie nicht ohne Schutz aushalten. Das kann durchaus vorkommen, wenn Sie beispielsweise mit Ihrem verletzten inneren Kind arbeiten oder wenn Sie plötzlich merken, dass Ihre inneren Eltern Ihr Leben in eine falsche Richtung gelenkt haben.

Was auch immer geschieht: Denken Sie daran, dass alle Ihre Subpersönlichkeiten eine positive Absicht haben. Auch wenn die Begegnung mit einer Ihrer Subpersönlichkeiten bei der Aufstellung unangenehm ist - konzentrieren Sie sich auf die positive Absicht und führen Sie alle Veränderungen in Verständnis und Liebe durch.

Yvonne

Bei der Dialogarbeit konnte Yvonne nur mit Schwierigkeiten eine Verbindung zu ihrem inneren Kind herstellen. Es war ihr aber klar, dass sie es vermisste und brauchte. Bei der Aufstellungsarbeit wurde schnell deutlich, was den Kontakt zwischen ihr und dem inneren Kind behinderte.

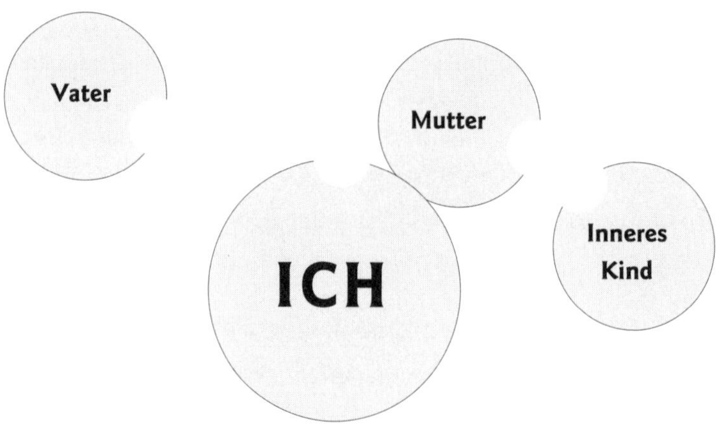

Yvonnes innerer Vater nahm eine dominante Rolle ein und gab Yvonne stets Ratschläge, wie sie sich zu verhalten habe. Ihre innere Mutter übernahm die Aufgabe, das innere Kind ruhig zu stellen - und verhinderte so den Kontakt mit Yvonnes Bewusstem Ich. Noch während der ersten Aufstellungssitzung nahm Yvonne ihre innere Freundin dazu und veränderte radikal die Position der inneren Eltern und des inneren Kindes.

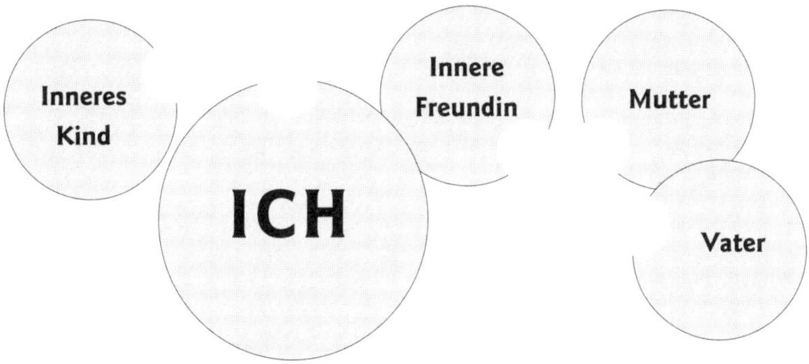

Ihre inneren Eltern standen nun zusammen - was Yvonne ein wichtiges Anliegen war. Auch die inneren Eltern fühlten sich sofort wohler dabei. Schwieriger war es, die Position des inneren Kindes zu verändern, da die Mutter-Subpersönlichkeit damit zunächst nicht einverstanden war. Yvonne kam selbst auf die Idee, ihre innere Freundin zu aktivieren, um mit den inneren Eltern eine harmonischere Beziehung herzustellen. Das klappte sehr gut.

Später veränderte Yvonne noch ein paar Einzelheiten: Die inneren Eltern kamen ihr wieder näher. Anstatt aber direkt in ihr Leben einzugreifen, wurden sie zu geliebten Ratgebern, die sich eher im Hintergrund aufhielten. Yvonnes innere Freundin war nun auch nicht mehr mit der Aufgabe befasst, zwischen den inneren Eltern und ihrem bewussten Ich zu vermitteln, sondern konnte Yvonne bei ihren Zukunftsplänen zur Seite stehen.

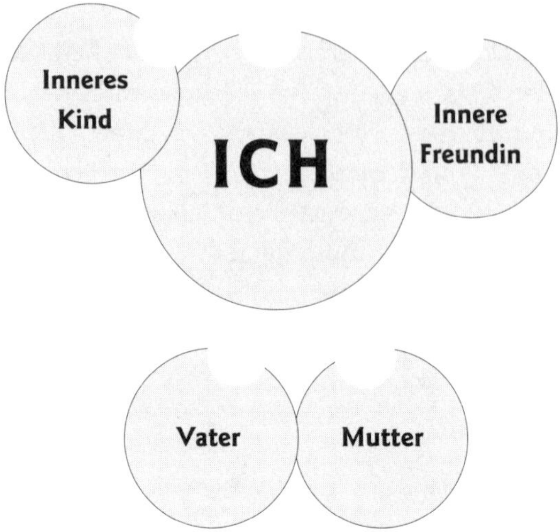

Problemaufstellungen

Die innere Familie aufzustellen ist oft der beste Anfang. Doch selbstverständlich lohnt es sich ebenso, die Aufstellungsarbeit bei einem konkreten Lebensproblem einzusetzen. Die Aufstellung kann insbesondere bei Schwierigkeiten hilfreich sein, die sich allein durch den Dialog nicht lösen.

Philipp

Seit vielen Jahren beschäftigte sich Philipp mit Yoga und Meditation. Ihm war sehr daran gelegen, seine Spiritualität zu entwickeln. Er stand dabei aber immer mit beiden Beinen auf dem Boden. Als Banker war er ziemlich erfolgreich. Doch er war mit sich nicht zufrieden. Er betrachtete Karriere und Spiritualität zwar nicht als Gegensätze, aber er hatte immer das Gefühl, dass etwas in seinem Leben nicht stimmte – ohne dass er sagen konnte, was das wäre.

»Ich kann einfach nicht dahinterkommen, was mich innerlich so unzufrieden macht. Einerseits fühle ich mich schon als Mensch, der seinen Weg gefunden hat, andererseits kommen mir immer wieder die größten Zweifel. Ich habe das Gefühl, dass ich in der Meditation wichtige Dinge erfahre – aber dass ich immer knapp daneben liege, wenn ich sie umsetzen will ...«

Philipp begann sich mit dem SP-Dialog zu beschäftigen. Er lernte dabei seinen inneren Freund, sein inneres Kind, seinen Kritiker und sein Spirituelles Selbst kennen. Der Kritiker war ihm sehr vertraut. Als er seinen inneren Freund kennen lernte, fühlte er sich deutlich besser. Aber das Gefühl der inneren Leere, das ihn manchmal überkam, war immer noch da. Er kam einfach zu keinem richtigen Dialog mit seinem inneren Kind und seinem Spirituellen Selbst (mit dem ja ohnehin selten ein verbaler Dialog zustande kommt).

Als Philipp zum ersten Mal eine SP-Aufstellung machte, war er dann ziemlich überrascht und berührt – auf den ersten Blick schienen Kritiker, innerer Freund und Spirituelles Selbst in »guten« Positionen zu sein, doch das innere Kind ...! Es stand völlig im Abseits und noch dazu mit abgewandtem Blick. Ganz offensichtlich war das innere Kind eine der Ursachen für Philipps Schwierigkeiten. Es war klar, dass er unbedingt mit dem inneren Kind arbeiten sollte.

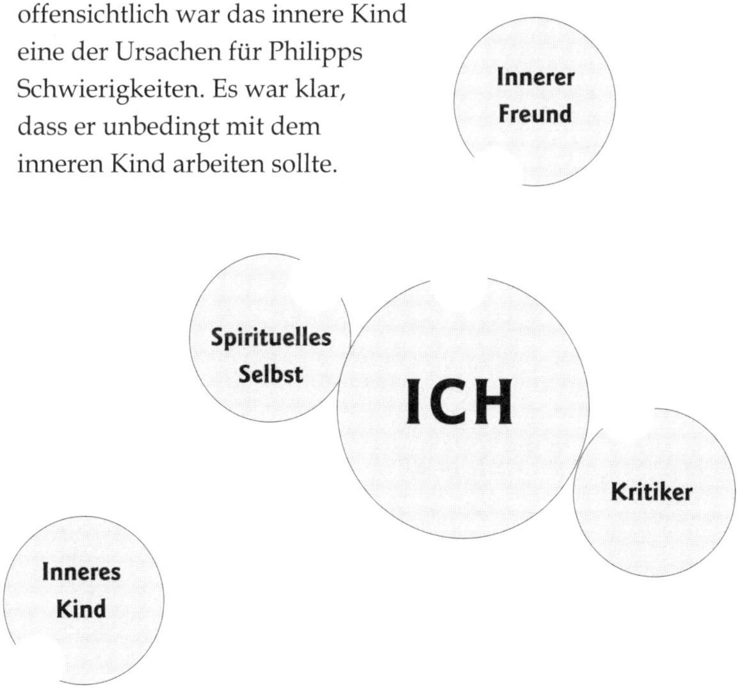

Die Konstellation war eigentlich nur durch die Position des inneren Kindes auffällig. Philipp vermutete, dass er in seiner spirituellen Entwicklung nicht weiterkommen würde, weil er sein inneres Kind vernachlässigte. Das klang plausibel.

Doch bei der weiteren Aufstellungsarbeit zeigte sich, dass viel mehr als nur das innere Kind nicht »an seinem Platz« war. Am wenigsten Veränderung benötigte das Spirituelle Selbst. Als eine der Hauptschwierigkeiten erwies sich jedoch, dass Philipps Kritiker und Freund sozusagen die Plätze vertauscht hatten; sie hätten eigentlich gut miteinander auskommen können – aber sie fühlten sich irgendwie nicht wohl. Der Kritiker war Philipp viel zu nahe und sein innerer Freund zu entfernt und neutral. Also ging es darum, insbesondere diese beiden Positionen zu verändern.

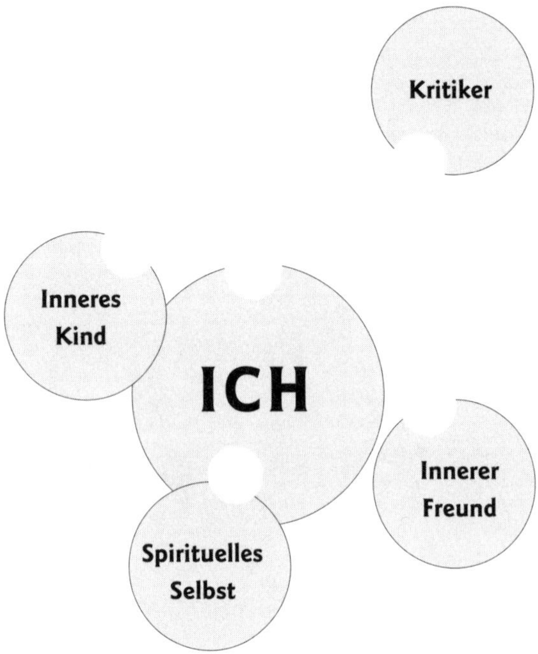

Als Philipp diese Veränderung durchführte, war ihm anzusehen, dass er damit spürbar auf dem richtigen Weg war. »Ich spürte, dass ich jetzt mit meinen inneren Personen viel besser in Verbindung war. Das fühlte sich an, als wenn ich von einer langen Reise nach Hause zu meiner Familie gekommen wäre ...«

Philipps Probleme ließen von da an deutlich nach. Natürlich war es klar, dass er mit seinem inneren Kind arbeiten musste, was er dann auch tat. Nachdem er eine schwere Zeit durchgemacht hatte, als er die Verletzungen seines inneren Kindes bearbeitete, fühlte er sich befreit und endlich offen für die Spiritualität, die er suchte.

Fünf Schritte zur Harmonie

Jeder Mensch hat ein Bild in sich,
was er sein und werden soll. Solange er das noch nicht ist,
ist noch Unfrieden in seinen Gebeinen.

Johann Gottfried von Herder

Die SP-Aufstellung ist ein komplexerer Vorgang, als es die bloße Beschreibung der Methode erkennen lässt. Denn jede Subpersönlichkeit steht in einer Beziehung zu allen anderen. Mitunter ist diese Beziehung so schwach (oder so unproblematisch), dass dies keine Rolle spielt. In der Regel wird es jedoch so sein, dass die Veränderung der Position einer Subpersönlichkeit Widerstand, Widerspruch oder zumindest Bewegung auch bei anderen Subpersönlichkeiten hervorruft. Stellen Sie sich ein wirr geknüpftes Netz vor. Wenn Sie an einer Stelle des Netzes ziehen, werden sich auch die anderen Knotenpunkte verschieben. Um die Gestalt des Netzes zu verändern, wird es notwendig werden, verschiedene Knoten zu lösen und die Verbindungen an anderer Stelle wieder herzustellen.

Zunächst wird Ihnen die Aufstellung Ihrer Subpersönlichkeiten Einsichten in Ihre inneren Zusammenhänge und Wechselbeziehungen bringen. Wenn Sie dann damit beginnen, Veränderungen vorzunehmen, tun sich immer wieder neue Ebenen der Einsicht und des Verstehens auf – alte Probleme lösen sich langsam, neue Probleme treten hervor.

Das Wichtigste ist zu erkennen, dass die SP-Aufstellung kein mechanischer, intellektueller Vorgang ist. Das Aufstellungsblatt (oder die Aufstellung mit Figuren) sind nur ein Hilfsmittel, nicht die Werkzeuge. Sie sollten die Aufstellung nicht als beliebiges Spiel verstehen, bei dem Sie die Figuren nach Belieben auf dem Spielfeld herumschieben. Es geht nicht um die Figuren, sondern um das, was sie darstellen: Ihre Gefühle, Einstellungen, Motive und Erinnerungen.

Bei der Aufstellung bringen Sie Ihre inneren Bewegungen in neue, sinnvollere Zusammenhänge, entdecken Beziehungen zwischen früher beziehungslosen Gefühls-, Denk- und Handlungsmustern. Mit einer Aufstellung ist es nicht getan. Jedes Aufstellungsbild stellt Ihnen neue Aufgaben, vermittelt neue Einsichten, zeigt Ihnen die Möglichkeiten und das Potenzial Ihres ganzen Wesens.

Grundprinzip Stimmigkeit

Am allerwichtigsten ist, dass die Veränderungen, die Sie in Ihrer SP-Aufstellung vornehmen, stimmig sind. Es wird in der Regel so sein, dass eine der Subpersönlichkeiten durchaus eine Veränderung wünscht. Das innere Kind möchte Ihnen beispielsweise näher sein. Doch indem Sie seine Position verändern, verändern Sie nicht nur die Gefühle des inneren Kindes. Es hat ja einen guten Grund, dass es ursprünglich eine andere Position einnahm – beispielsweise wurde es durch die inneren Eltern davon abgehalten, Ihrem Bewussten Ich zu nahe zu kommen, damit es nicht verletzt wird. Wenn Sie in diesem Fall die Position Ihres inneren Kindes verändern, geraten die inneren Eltern in Aufruhr: Sie fühlen sich in ihrer Funktion, das innere Kind zu schützen, missachtet.

Es gibt zwei grundsätzliche Möglichkeiten, solche Schwierigkeiten anzugehen. Die einfachste Möglichkeit ist, Veränderungen nur in kleinen Schritten vorzunehmen und auf emotionale Reaktionen zu achten. Kleine Veränderungen werden in der Regel von den meisten Subpersönlichkeiten ohne Probleme akzeptiert. Kleine Veränderungen sind etwas Natürliches. Wenn die neue Konstellation keine oder aber nur positive Konsequenzen nach sich zieht, wird sie stabil. Dann können Sie einen Schritt weitergehen und auf diese Art und Weise Schritt für Schritt zu einem harmonischen Bild gelangen, in dem alle Ihre Subpersönlichkeiten einen Platz finden, der ihre Zusammenarbeit gewährleistet und in dem Ihre Subpersönlichkeiten allmählich voll in Ihr Selbstbild integriert werden. Der große Vorzug dieser Vorgehensweise besteht darin, dass die Veränderung ohne den Umweg über die Sprache vor sich geht. Es ist kein expliziter Dialog mit den Subpersönlichkeiten nötig.

Der andere Weg setzt auf umfassende Veränderungen ohne Zwischenschritte. Das funktioniert jedoch nur dann, wenn die Aufstellungsarbeit mit dem SP-Dialog verbunden wird, so, wie Sie ihn in diesem Buch schon kennen gelernt haben (Seite 89 ff.). Eine umfassende Veränderung wird zu »Aufruhr« bei Ihren Subpersönlichkeiten führen. Sie müssen dann im SP-Dialog klären, wie die positiven Absichten der betroffenen Subpersönlichkeiten weiterhin erfüllt werden können. Es wird dabei nicht beim Dialog bleiben – wenn Sie in der Aufstellung die Position einer Ihrer Subpersönlichkeiten verändern, werden auch die anderen Subpersönlichkeiten auf andere Positionen kommen.

Manchmal lässt sich im SP-Dialog klären, ob eine bzw. welche neue Position infrage kommt. Sie können aber auch so vorgehen, dass Sie nach der Veränderung einer Subpersönlichkeit wieder nacheinander die Positionen der anderen Subpersönlichkeiten einnehmen, auf die Gefühle achten und spüren, welches die neue angemessene Konstellation sein kann.

Das Bild assimilieren

Am Ende jeder Aufstellungssitzung sollte - wie ja auch beim SP-Dialog - ein grundsätzliches Einverständnis erfolgen. Das bedeutet, dass Ihre Subpersönlichkeiten - und zwar *alle* beteiligten Subpersönlichkeiten - mit den Veränderungen einverstanden sind oder die Veränderung zumindest vorerst akzeptieren.

Begeben Sie sich nacheinander auf die (neuen) Positionen Ihrer Subpersönlichkeiten und achten Sie auf die auftauchenden Gefühle. Wenn Sie bei allen das Gefühl haben, dass die Veränderung - zumindest probeweise - so in Ordnung ist, gehen Sie zur Position Ihres Bewussten Ich zurück. Schließen Sie kurz die Augen und spüren Sie in sich hinein. »Stimmen« die Gefühle? Fühlt es sich gut an? Spüren Sie Zufriedenheit in sich?

Wenn negative Gefühle auftauchen, ist die Veränderung nicht stimmig. Wenn möglich, sollten Sie dann weiter an der Aufstellung arbeiten. Ist dies nicht möglich, konzentrieren Sie sich mit geschlossenen Augen auf den Gedanken, dass das momentane Aufstellungsbild ein Vorschlag ist und bitten Sie alle beteiligten Subpersönlichkeiten, diesen Vorschlag zu bedenken und versichern Sie, dass Sie später gemeinsam daran weiterarbeiten werden. Machen Sie deutlich, dass Sie es akzeptieren werden, wenn Ihre Subpersönlichkeiten das momentane Bild wieder verändern.

Wenn Sie diesen Schritt getan haben oder wenn bei der inneren Betrachtung des Aufstellungsbildes positive Gefühle und Zufriedenheit auftreten, öffnen Sie die Augen und richten Ihren Blick nacheinander auf alle beteiligten Subpersönlichkeiten. Bedanken Sie sich bei jeder Subpersönlichkeit für die Mitarbeit und festigen Sie das Bild mithilfe eines Ankers (siehe S. 80 ff.) - legen Sie also beispielsweise Ihre beiden Hände auf die Körpermitte.

Führen Sie diesen Vorgang bei allen beteiligten Subpersönlichkeiten vollständig durch. Lösen Sie den Anker, bevor Sie sich bei der nächsten Subpersönlichkeit bedanken und setzen Sie dann den Anker erneut. Ganz zum Schluss danken Sie noch einmal der gesamten Gruppe und verabschieden Sie sich.

Um zu prüfen, ob das Ankern funktioniert hat, können Sie nach einigen Minuten Pause noch einmal den Anker setzen und spüren, ob er tatsächlich die beteiligten Subpersönlichkeiten und das mit dem letzten Aufstellungsbild verbundene Gefühl abruft. Sollte das nicht der Fall sein, gehen Sie die letzten Schritte nochmals durch.

Zusammenfassung: Die fünf Schritte

1. Sie suchen nach den Subpersönlichkeiten, die Sie aufstellen wollen. Diese Auswahl ist vom Thema abhängig, das Sie bearbeiten wollen. Die Auswahl ist jedoch nicht abschließend. Es kann gut sein, dass sich im Laufe der Aufstellungsarbeit innere Stimmen melden, die an der Arbeit beteiligt werden möchten.
2. Stellen Sie Ihre Subpersönlichkeiten auf. (In einer Gruppensitzung sollte dann sofort nach den Gefühlen jeder aufgestellten Person gefragt werden.)
3. Nehmen Sie nacheinander die Positionen der aufgestellten Subpersönlichkeiten ein und achten Sie auf die auftretenden Gefühle.
4. Verändern Sie die Stellung der Subpersönlichkeit, deren Position Sie gerade eingenommen haben. Dabei nehmen Sie entweder nur eine kleine Veränderung vor oder suchen das Einverständnis im Dialog mit den anderen betroffenen Subpersönlichkeiten.
5. Schließen Sie eine Sitzung möglichst positiv ab. Gestatten Sie, falls kein Einverständnis erzielt werden konnte, nachträgliche selbstständige Veränderungen Ihrer Subpersönlichkeiten. Bedanken Sie sich bei allen Beteiligten und schließen Sie ab, indem Sie das aktualisierte Aufstellungsbild ankern.

Body-Mnemonics – Körpererinnerungen

Ich habe es sehr deutlich bemerkt,
dass ich oft eine andere Meinung habe, wenn ich liege,
und eine andere, wenn ich stehe.

Georg Christoph Lichtenberg

Unser Körper weiß oft Dinge, die wir nicht wissen. In der Personalen Integration nennen wir den Teil unseres Geistes, der in Verbindung mit dem Körper steht, Tiefenbewusstsein. Alle unsere Gefühle haben eine Verbindung zum Tiefenbewusstsein und damit zum Körper. Das liegt unter anderem daran, dass unsere grundlegenden Gefühle aus entwicklungsgeschichtlich sehr alten Teilen unseres Gehirns stammen. Vor allem der Hypothalamus ist für die drei Grundformen unserer Emotionen (Wut, Liebe und Trauer) zuständig. Das benachbarte Kleinhirn steuert den Zusammenhang zwischen kinästhetischen und emotionalen Zuständen.

GEDANKENSPAZIERGANG

Versuchen Sie, sich an eigene Erfahrungen zu erinnern, die den Zusammenhang zwischen Körper und Gefühlen gezeigt haben.

Gefühle sind nicht, wie viele Menschen annehmen, von der Körperlichkeit losgelöste Phänomene. Gefühle sind Reaktionen, die von bestimmten physiologischen Veränderungen, wie einer Veränderung der Pulsfrequenz, der Aktivität bestimmter Drüsen oder der Veränderung der Körpertemperatur begleitet werden. Diese Reaktionen regen dann den Menschen oder einen Teil seines Körpers zu weiteren Aktivitäten an. Wie erwähnt, sind die drei grundlegenden emotionalen Reaktionen Wut, Liebe und Trauer. Sie können entweder als unmittelbare Reaktion auf Außenreize oder als Ergebnis eines indirekten subjektiven Prozesses wie dem Gedächtnis, einer Assoziation oder Selbstbeobachtung auftreten. Der amerikanische Psychologe John Watson (1879 - 1958) zeigte, dass bereits Kleinkinder zu diesen drei grundlegenden Emotionen fähig sind. Mit zunehmender Reife werden die äußeren Reize für emotionale Reaktionen unwichtiger, während die Reize, die diese Emotionen dennoch auslösen können, an Komplexität gewinnen.

Wie sich Gefühle beim Erwachsenen genau abspielen und was sie auslöst, hängt also weniger von äußeren Bedingungen ab, sondern vor allem daran, wie wir sie wahrnehmen. Die Schachter-Singer-Zwei-Faktoren-Theorie besagt, dass jedes Gefühl zunächst als eine inhaltlich unspezifische, physiologisch bedingte Erregung (im Thalamus) beginnt, die dann durch eine »richtungsgebende« kognitive (zumeist unbewusste) Bewertung daraus ein individuelles Gefühl entstehen lässt. Dazu wurde ein interessantes Experiment gemacht. Freiwillige Versuchspersonen wurden mit einer Adrenalininjektion in Erregung versetzt. Danach kamen sie in eine Situation, die so gestaltet war, dass die Erregung entweder Ärger oder Freude zugeschrieben werden konnte. Und tatsächlich zeigte sich, dass die Teilnehmer des Experiments Ärger oder aber Freude erlebten - obwohl alle der gleichen Erregungsursache (Adrenalin) und derselben Situation ausgesetzt waren. Das Gefühl hing also nur mit der jeweiligen Ursachenzuschreibung zusammen.

Das heißt: *Wir* sind es, die unseren Gefühlen die entscheidende Richtung geben. Es geschieht nichts ohne uns, wir sind keineswegs den Umständen ausgeliefert. Natürlich geschehen Dinge ohne unser Zutun, doch es kommt einzig und allein darauf an, wie wir sie bewerten. Das heißt aber auch: Wenn die Bewertungen nun völlig unbewusst ablaufen, wenn wir also Subpersönlichkeiten, die diese wichtigen Bewertungen vornehmen, nicht gut kennen, werden wir eher ein Spielball von Ereignissen sein, auf die wir keinen Einfluss haben.

Machen wir uns immer wieder bewusst: Unser Körper, unsere körperlichen Haltungen, sind Auslöser für komplexe Emotionen. Körperhaltungen sind demnach »Bewertungen« – sie vermitteln uns, wie wir grundlegende Erregungszustände als vielschichtige Gefühle wahrnehmen.

? GEDANKENSPAZIERGANG

Können Sie komplizierte Gefühlszustände bis auf die drei Grundemotionen Angst, Wut und Liebe zurückführen?

In der Personalen Integration ist diese Erkenntnis aus zwei Gründen wichtig: Zum einen hat jede Subpersönlichkeit eine ihrem komplexen Gefühlszustand entsprechende Haltung. Wir können also unsere Subpersönlichkeiten besser kennen lernen und verstehen, wenn wir dies berücksichtigen – und zwar indem wir unseren Körper sprechen lassen und eine Haltung einnehmen, die für die jeweilige Subpersönlichkeit charakteristisch ist. Daher können wir über den Körper die Kommunikation mit unseren Subpersönlichkeiten verbessern.

Zum Zweiten aber – und das ist mindestens ebenso wichtig – können wir Körperhaltungen verändern, demzufolge emotionale Zustände unserer Subpersönlichkeiten verändern und sie dadurch besser in unser Selbst integrieren. Indem wir die Haltung verändern, in der sich die Gefühle eines Teils unseres Selbst zeigen, transformieren wir auch die Gefühle, ohne den Umweg über Gedanken und Vorstellungen gehen zu müssen.

Sonnenhaltung und Mondhaltung

Zuerst die innere Haltung,
dann die äußere Form!

Konfuzius

Bevor wir nun die Verbindung von Subpersönlichkeiten und Haltungen erforschen, wollen wir Sie einladen, ein kleines Experiment zu machen, mit dem Sie an sich selbst beobachten können, wie eng körperliche Haltungen und Gefühlszustände miteinander verbunden sind.

Ganz leicht wird Ihnen dies schon bewusst, wenn Sie einmal an vergangene glückliche und traurige Momente in Ihrem Leben denken. Wenn Sie glücklich waren, hatten Sie wahrscheinlich einen entspannten Gesichtsausdruck und eine aufrechte Haltung. Bei intensiven Glücksgefühlen ist es nämlich eine beinahe automatische Reaktion, sich zu entspannen und tiefer zu atmen. Wir wollen dieses Körpergefühl, bei dem wir aufrecht und entspannt sind und tief atmen, die »Sonnenhaltung« nennen - wir »strahlen«. Es ist jedoch nicht nur so, dass Glücksgefühle diese Haltung auslösen - auch die umgekehrte Reaktion ist möglich! Bei der Sonnenhaltung wird die Durchblutung und die Funktion der inneren Organe verbessert und die Atmung vertieft - und dies wiederum führt zu angenehmen emotionalen Zuständen. Die Sonnenhaltung und Glücksgefühle verstärken sich also gegenseitig.

Jedes Mal, wenn in der Vergangenheit positive Gefühle und die positive Sonnenhaltung zusammen auftraten, wurde die

Verbindung zwischen ihnen stärker – die Sonnenhaltung wurde immer mehr zu einem kraftvollen »Anker«.

Natürlich gilt all dies ebenso für negative Gefühlszustände. Wenn wir uns schlecht fühlen, weicht die natürliche Spannung aus unseren Muskeln, ohne dass wir deswegen entspannt wären. Wir sind angespannt, aber dennoch schlaff. Die Schultern neigen dazu, zu hängen, ebenso die Mund- und Augenwinkel. Auch der Kopf scheint zu schwer zu werden, um ihn aufrecht zu halten. Diese Haltung, die mit negativen Gefühlen verbunden ist, nennen wir die »Mondhaltung« – krumm, bleich und melancholisch. Auch die Mondhaltung wurde im Laufe der Vergangenheit ein starker Anker für Gefühlszustände.

Wir wollen einmal ausprobieren, wie es sich anfühlt, wenn sich traurige Gefühle in angenehme Gefühle verwandeln – und zwar nur durch die Veränderung der Haltung.

Das Mond-Sonne-Experiment

Wir beginnen mit der »Mondhaltung«. Lassen Sie langsam Ihren Kopf sinken und Ihre Schultern nach vorn fallen. Achten Sie nun auf Ihren Bauch und spannen Sie die Bauchmuskeln ein wenig an. Wenn Sie gerade sitzen, können Sie das ganz leicht tun, indem Sie versuchen, Ihre Füße einen Millimeter vom Boden abzuheben. Kneifen Sie nun Ihre Augen ein ganz klein wenig zusammen, so, als ob Ihnen etwas ins Auge gekommen wäre. Zuletzt ziehen Sie nun noch die Unterlippe ein Stückchen nach unten. Atmen Sie ganz flach.

Nun, das fühlt sich nicht gerade gut an, oder? Experimentieren Sie nun mit Ihren Gefühlen in der Mondhaltung. Versuchen Sie, ganz bewusst an etwas Schönes, Lustiges, Angenehmes, Freudvolles zu denken. Spüren Sie, wie schwierig das ist? Sie stoßen dabei auf inneren Widerstand, denn diese Haltung ist eng mit negativen Gefühlsmustern assoziiert. Der jetzige körperliche Zustand hemmt positive Gedanken und Gefühle.

Versuchen Sie aber dennoch, sie zu wecken – und zwar so lange, bis es Ihnen tatsächlich gelingt, doch noch an etwas Schönes zu denken und ein positives Gefühl zu empfinden.

Haben Sie es geschafft? Gut! Bleiben Sie so, wie Sie gerade sind und beobachten Sie Ihre Haltung. Wir möchten wetten, dass sich Ihre Haltung in jenem Moment, in dem es Ihnen gelang, ein positives Gefühl zu wecken, zumindest ein kleines bisschen verändert hat.

Damit fahren Sie nun fort. Gehen Sie nochmals ganz bewusst in die Mondhaltung. Verwandeln Sie nun Schritt für Schritt ganz allmählich die Mondhaltung in die Sonnenhaltung. Beginnen Sie damit, den Bauch zu entspannen. Gehen Sie dann mit Ihrer Aufmerksamkeit zum Gesicht und entspannen Sie die Augen, die Stirn und den Mund. Jetzt heben Sie langsam den Kopf, den Blick, die Augenbrauen und die Mundwinkel. Ziehen Sie nun noch die Schultern leicht zurück. Wahrscheinlich spüren Sie schon, dass Sie bereits tiefer atmen. Atmen Sie dennoch ein paar Mal tief ein und aus.

Wahrscheinlich werden Sie sofort spüren können, wie die Sonnenhaltung angenehme, warme Gefühle entstehen lässt. Kein Wunder, denn diese Haltung haben Sie ja auch in der Vergangenheit mehr oder weniger unbewusst gehabt, wenn es Ihnen wirklich gut ging. Solange Sie diese Haltung bewusst aufrechterhalten, werden Sie nur mit Anstrengung in der Lage sein, sich in negative Gedanken und Gefühle zu vertiefen.

Nun könnte man vielleicht vermuten, dass die Sonnenhaltung so eine Art Kurzzeit-Therapie sei. Ein kleines bisschen stimmt das sogar. Sobald Sie in ein Gefühlstief rutschen, können Sie die Talfahrt unterbrechen, indem Sie bewusst die Sonnenhaltung einnehmen. Natürlich kann dies das Aufarbeiten von Problemen nicht ersetzen. Aber es ist mitunter ganz hilfreich, um sich nicht unnötig in negative Stimmungen hineinzusteigern ...

Die Subpersönlichkeiten körperlich erfahren

Der Körper ist der Übersetzer der Seele ins Sichtbare.

Christian Morgenstern

An dem kleinen Selbstversuch, den Sie (hoffentlich) gerade gemacht haben, konnten Sie unmittelbar erfahren, wie sehr Ihr Körper und Ihre Gefühle zusammenhängen. Das wollen wir nun vertiefen. Denn tatsächlich hat jede Ihrer Subpersönlichkeiten eine charakteristische Entsprechung in Ihrem Körper.

Vielleicht haben Sie diese Erfahrung bereits gemacht, als Sie beim SP-Dialog Körperanker einsetzten, um Subpersönlichkeiten schneller aktivieren zu können, indem Sie eine Hand auf einen bestimmten Körperteil legten – und dann spürten, dass die entsprechende Subpersönlichkeit an eine andere Stelle wollte.

Wenn Sie mit dem SP-Dialog bereits gut vertraut sind, haben Sie schon Übung darin, mit Ihren Subpersönlichkeiten in Verbindung zu treten. In diesem Fall können Sie eine Subpersönlichkeit, mit der Sie arbeiten wollen, auch darum bitten, Ihnen durch eine bestimmte Körperhaltung ihren Gefühlszustand zu zeigen. Lassen Sie es einfach zu. Ihre Subpersönlichkeit wird Sie in eine Haltung führen, in der Sie Ihre Gefühle nicht nur kognitiv, sondern mit dem ganzen Körper erfahren können. Und das wiederum wird Ihre Verbindung mit Ihren Subpersönlichkeiten vertiefen und die Beziehung zu ihnen enger und herzlicher machen. Erlauben Sie sich, ganz in die Gefühle Ihrer Subpersönlichkeiten einzutauchen und sie mit Ihrem ganzen Wesen zu verstehen.

Dies ist ein wichtiger Schritt, um Ihre Subpersönlichkeiten in Ihr ganzes, bewusstes Selbst zu integrieren – und sich damit dem Ideal der Personalen Integration zu nähern.

Wenn Sie mit dem SP-Dialog Schwierigkeiten hatten und auf der mentalen Ebene keinen zufrieden stellenden Kontakt zu Ihren Subpersönlichkeiten aufbauen konnten, können Sie über die *Body-Mnemonics* versuchen, mit der körperlichen Seite zu beginnen, um dadurch allmählich auch zum bewussten, verbalen Dialog mit Ihren Subpersönlichkeiten zu gelangen.

Dazu ist Zeit, Ruhe und etwas Geduld nötig. Schaffen Sie sich einen warmen, gemütlichen, sicheren und vor allem ungestörten Platz. Sorgen Sie für angenehme Temperatur, angenehmes Licht und – was oft eine große Hilfe ist – angenehme Düfte, beispielsweise durch ätherische Öle. (Gerüche haben einen direkten »Draht« zum Unterbewussten.)

Entspannen Sie sich. Wenn Sie wollen, können Sie zu einer ruhigen Musik tanzen. Lassen Sie sich von Ihren Körpergefühlen leiten. Folgen Sie den Bedürfnissen Ihres Körpers und lassen Sie sich in eine Haltung führen, von der Sie spüren, dass sie eine wichtige Bedeutung für Sie hat.

Gehen Sie dann ganz in die Gefühle hinein und versuchen Sie, den Teil Ihres Selbst, der über Ihren Körper zu Ihnen Verbindung aufgenommen hat, genau zu fühlen. Wenn Sie das Gefühl haben, dass Sie mit einem ganz bestimmten Teil Ihres Selbst in Kontakt gekommen sind, können Sie versuchen, diesen Teil verbal anzusprechen. Wiederholen Sie immer wieder, ganz monoton, wie ein Mantra (eine Meditationsformel): »Wer bist du?« Versuchen Sie, in der lauschenden, offenen Haltung zu verweilen und nicht aus dem Zustand herauszutreten und zu reflektieren. Öffnen Sie sich ganz dem Teil Ihres Selbst, der mit Ihnen Verbindung aufnehmen will.

Bleiben Sie dabei. Sie werden eine Antwort bekommen.

Body-Mnemonics und innerer Dialog ergänzen sich hervorragend. Der eine Weg zu den Subpersönlichkeiten erleichtert den anderen: Während Sie im Dialog mit Ihren Subpersönlichkeiten sind, können Sie die Verbindung durch Body-Mnemonics vertiefen; wenn Sie sich in eine Haltung begeben, die Emotionen aufkommen lässt, werden Sie leichter die Stimme Ihrer Subpersönlichkeiten vernehmen. Beide Wege gemeinsam öffnen das Tor zum inneren Selbst ganz weit.

Blockaden lösen

Alle Stärke wird nur durch Hindernisse erkannt,
die sie überwältigen kann.
Immanuel Kant

Im SP-Dialog ist es manchmal schwierig, tief sitzende Gefühlsmuster und Einstellungen Ihrer Subpersönlichkeiten zu verändern. Die Erfahrungen, die diese Subpersönlichkeiten gemacht haben, erschwert ihnen möglicherweise zu sehen, dass ihre positive Absicht auf andere Art und Weise erfüllt werden kann. Diese Teile Ihres Selbst haben einen starken Selbstschutz aufgebaut, der allein durch verbale Interaktion nicht durchdrungen werden kann.

Mit der SP-Aufstellung gelingt es dann manchmal, diesen Schutzwall aufzulösen. Doch ist ja auch bei der Aufstellung das Bewusste Ich stark beteiligt. Bei Body-Mnemonics hingegen kommunizieren Sie mit Ihren Subpersönlichkeiten auf der grundlegendsten Ebene, den Gefühlen und dem Körper.

Positive Gefühlsmöglichkeiten

Manche von unseren Subpersönlichkeiten haben Schwierigkeiten damit, sich überhaupt positive Veränderungen vorzustellen. Ihnen fehlt ganz einfach die Erfahrung des Positiven. Sie verharren in einer Abwehrhaltung, die durch rationale Kommunikation nicht durchdrungen wird. Für diese Subpersönlichkeiten ist es nicht vorrangig wichtig, mit anderen Subpersönlichkeiten zu kommunizieren – denn sie würden der Kommunikation nicht trauen. Sie benötigen die direkte Erfahrung, dass andere Gefühlszustände möglich sind. Dabei kann Body-Mnemonics eine große Hilfe sein, indem es solche Erfahrungen verfügbar macht.

Beginnen Sie damit, die Haltung einer Subpersönlichkeit zu finden, für die Veränderung nur schwer zugänglich scheint. Für jemanden, der depressiv ist oder der Liebeskummer hat, ist es besonders einfach, einen solchen Teil in sich zu finden. Wer depressiv ist, kann sich oft kaum vorstellen, dass er irgendwann einmal nicht mehr bedrückt ist. Für Liebeskummer gilt dasselbe. Doch jeder kann irgendwelche Teile seines Selbst finden, die nicht ohne weiteres bereit sind, Veränderung anzunehmen.

Gehen Sie ganz in die Haltung dieser Subpersönlichkeit hinein, fühlen Sie, was dieser Teil Ihres Selbst fühlt, denkt, was ihn bewegt und was seine positive Absicht ist. Wenn Sie ganz in das Wesen dieses Teiles eingetaucht sind, können Sie damit beginnen, Ihre Haltung allmählich hin zur »Sonnenhaltung« (Seite 170 f.) zu verändern.

Wichtig ist dabei, dass Sie wirklich *langsam* vorgehen. Achten Sie auf die Gefühle – irgendwann werden sie sich verändern. Damit diese Veränderungen zur Erfahrung jener Subpersönlichkeit werden, mit der Sie arbeiten, ist es absolut notwendig, dass Sie während der Übung ständig in Verbindung mit ihr bleiben. Das Langsame ist notwendig, weil die Subpersönlichkeit in der Regel den Kontakt abbricht, sobald sich die Haltung und damit die Gefühle zu plötzlich verändern. Lassen Sie sich und Ihren Subpersönlichkeiten also genug Zeit, um die Erfahrung zu machen, dass andere, positive Gefühlszustände real sind.

Wenn Sie diese Übung mit vielen verschiedenen Subpersönlichkeiten durchführen (auch mit solchen, die Veränderungen keinen Widerstand entgegensetzen), hat das eine interessante Nebenwirkung: Sie schaffen einen gemeinsamen positiven »Treffpunkt«, eine Erfahrung, die allen Subpersönlichkeiten gemeinsam ist. Dadurch verbessert sich die unterbewusste Kommunikation zwischen Ihren Subpersönlichkeiten – und damit das wechselseitige Verständnis.

Manchmal ist die Wirkung einer gesteigerten unterbewussten Kommunikation erstaunlich: Es kommt zu plötzlichen Veränderungen auf der Handlungsebene, die wir uns nicht erklären können; beispielsweise macht das Rauchen auf einmal keine Freude mehr.

Kommunikation fördern

Die soeben geschilderte Veränderungsarbeit weist auf eine weitere Möglichkeit hin: Wenn es in der Haltung zweier Subpersönlichkeiten eine Annäherung gibt, lässt sich auch eine Annäherung hinsichtlich der Gefühle auslösen. Manchmal haben Subpersönlichkeiten keine Vorstellung von den Gefühlen und Motiven einer anderen Subpersönlichkeit. Mit Body-Mnemonics können Sie diese beiden inneren Persönlichkeiten einander näher bringen – erst, wenn sich zwei Subpersönlichkeiten mit gegensätzlichen positiven Absichten kennen, besteht die Möglichkeit, dass sie gemeinsam einen neuen Weg finden, der beide positive Absichten berücksichtigt.

Als ersten Schritt müssen Sie natürlich zwei Subpersönlichkeiten finden und deren Haltungen erforschen. Gehen Sie nacheinander in diese Haltungen hinein und öffnen Sie sich für die Gefühle. Die Annäherungsarbeit findet dann so statt, wie wir es oben beschrieben haben. Sie beginnen mit der Haltung einer Subpersönlichkeit und verändern diese Haltung ganz allmählich in die Haltung der zweiten beteiligten Subpersönlichkeit. Führen Sie diese Haltungsänderungen immer wieder durch, bis es Ihnen ganz leicht fällt, zwischen den Gefühlszuständen – die möglicherweise bereits beginnen, sich zu verändern - hin und her zu pendeln.

Vielleicht werden Sie schon im Laufe der Übung bemerken, dass Sie sich leichter oder irgendwie befreit fühlen. Die eigentliche Arbeit wird allerdings eine Zeit lang danach in Ihrem Unterbewusstsein stattfinden.

Eine neue Haltung finden

Natürlich können wir auch mit einer einzelnen Subpersönlichkeit arbeiten, denn ihre typische Haltung ist oft eine Schutzhaltung. Bei Veränderungen ist es deshalb wichtig, diesen Schutz beim vorsichtigen Wechsel zu einer anderen Haltung zunächst beizubehalten. Wenn erst einmal eine Veränderung gelungen ist, die von der Subpersönlichkeit angenommen wird, wird diese Veränderung in der Regel auch weiter beibehalten. Die neue Haltung bietet mehr Freiheit für positive Gefühle. In weiteren Schritten kann dann die Haltung geöffnet werden.

Bei all dem ist jedoch entscheidend, dass die neue Haltung immer noch die Subpersönlichkeit repräsentiert, mit der Sie arbeiten wollen. Beim Haltungswechsel übernimmt mitunter unbemerkt eine andere Subpersönlichkeit. Deshalb ist es so wichtig, bei Body-Mnemonics voll konzentriert zu bleiben.

Sie beginnen damit, dass Sie sich eine Subpersönlichkeit aussuchen, mit der Sie arbeiten wollen - vielleicht ist das ein Teil Ihrer selbst, den Sie bereits im Dialog kennen gelernt haben, vielleicht ist es aber auch eine Subpersönlichkeit, mit der Sie durch Body-Mnemonics in Verbindung gekommen sind.

Gehen Sie ganz in die Haltung dieser Subpersönlichkeit hinein. Beginnen Sie nun mit ganz kleinen Veränderungen in der Haltung. Bewegen Sie zunächst nur die Finger, die Zehen, die Füße oder Hände. Achten Sie auf die Gefühle: Fühlt es sich besser an oder schlechter? Wenn sich eine Veränderung nicht gut anfühlt, nehmen Sie sie wieder zurück. Wenn Sie zunächst kleine Bewegungen gemacht haben, können Sie nun ausprobieren, wie sich größere Haltungsänderungen durch Arme, Beine, Wirbelsäule und Kopf bemerkbar machen.

Versuchen Sie nicht, zu viel auf einmal zu erreichen - und achten Sie darauf, dass sich die Ergebnishaltung deutlich positiv von der ursprünglichen unterscheidet. Das können Sie leicht ausprobieren, indem Sie zwischen den beiden Haltungen hin und her wechseln, bevor Sie die Sitzung beenden.

Body-Mnemonics wirken auf manche Menschen anfangs etwas eigentümlich. Das ist verständlich, da wir es nicht gewohnt sind, mit all unseren Sinnen zu kommunizieren. Die meisten Menschen fühlen sich erst einmal wohl mit dem, was sie gut kennen. Deshalb kann es für die Arbeit mit der Personalen Integration sinnvoll sein, zunächst mit dem SP-Dialog (siehe Seite 74 ff.) zu beginnen.

Wenn wir mit unseren Subpersönlichkeiten sprechen, können wir Missverständnisse aufklären, Einsicht in die Vielfalt unserer Motive bekommen und dabei gute Freunde und Ratgeber gewinnen. Die SP-Aufstellung erweitert den Blick. Bei der Aufstellung können wir die vielfältigen Wechselwirkungen unserer inneren Persönlichkeiten erleben.

Mit Body-Mnemonics aber kommunizieren wir auf der grundlegenden Gefühlsebene mit unserem eigenen Unterbewusstsein. Die Veränderungen können wir an uns selbst erleben.

In unserem Unterbewusstsein sind viele Mitarbeiter am Werk - und sie alle wollen das Beste für uns.

Teil 3

Vom Ich zum Du

Personale Integration für Therapeuten, Trainer und andere Begleiter

Wir können uns nur in vierzehn Tagen
von unseren Depressionen befreien,
wenn wir uns nur jeden Tag überlegen,
wie wir anderen helfen können.

Alfred Adler

Auf den folgenden Seiten wollen wir nun noch kurz darauf eingehen, wie sich die Personale Integration in der therapeutischen Praxis darstellt. Dabei handelt es sich nicht so sehr um eine »Gebrauchsanleitung«, auch wenn wir ein paar Dinge erklären werden, die hilfreich sind, wenn man andere Menschen mit Personaler Integration begleiten will. Es geht uns hier vor allem darum, den Grundgedanken und das Menschenbild, das hinter der Personalen Integration steht, zu verdeutlichen.

Die Rolle des Begleiters

Trost gibt der Himmel.
Von dem Menschen erwartet man Beistand.

Ankündigung der Zeitschwingen.
Ludwig Börne

Wir verwenden lieber den Begriff »Begleiter« als »Psychotherapeut«. Damit wollen wir vor allem auch klarstellen, dass jemand, der eine Veränderung erzielen will, nicht »krank« sein muss; er braucht nicht unbedingt eine »Therapie«. Ein Begleiter kann ihn jedoch dabei unterstützen, seine – bereits vorhandenen! – Fähigkeiten möglichst effizient und umfassend zu nutzen und sein Potenzial zu entdecken. Zweitens drückt »Begleiter« auch aus, dass keine Hierarchie besteht; der Begleiter ist niemand, der von einer höheren Position aus bestimmt, was der Klient braucht und tun sollte. Entscheidend ist ausschließlich der Klient. Der Begleiter steht ihm zur Seite, kann Vorschläge machen und den Prozess der Selbstentdeckung erleichtern.

Unser Menschenbild ist das der Humanistischen Psychologie: Wir meinen, dass jeder Mensch über alle Fähigkeiten verfügt, die er braucht, um ein gesundes, erfülltes und glückliches Leben zu führen. Wenn er nicht daran gehindert wird, zu wachsen, wird er sich immer mehr selbst entdecken und verwirklichen. Therapeuten, Trainer und Begleiter können ihn dabei unterstützen, dieses Potenzial zu entdecken, seine Fähigkeiten möglichst effizient und umfassend zu nutzen und sich selbst zu finden.

Empathie, Echtheit, unbedingte Wertschätzung

Nur insofern wir mitempfinden, haben wir Ehre,
von einer Sache zu reden.

Die Leiden des jungen Werthers, 12.8.1771
Johann Wolfgang von Goethe

Carl Rogers (1902-1987) erkannte, dass für eine wirksame Psychotherapie drei Fähigkeiten des Therapeuten von grundlegender Bedeutung sind:

- *Echtheit:* Rogers stellte fest, dass es äußerst wichtig für eine heilsame Beziehung ist, wenn der Therapeut stets Klarheit über seine eigenen Gefühle hat und diese Gefühle auch ausdrücken kann, anstatt eine »professionelle Maske« aufzusetzen. Selbst wenn er seine Gefühle nicht richtig und gut findet – es ist dennoch wichtig, sie nicht abzuwehren. Jedes Verstellen behindert eine gute und wirksame therapeutische Beziehung.
- *Unbedingte Wertschätzung:* Von allergrößter Bedeutung ist, dass der Therapeut seinen Klienten voll und ganz als Menschen akzeptiert, ohne über ihn zu urteilen. Das bedeutet nicht nur, dass er Verhaltens-, Gefühls- und Denkweisen des Klienten nicht verurteilt, sondern ebenso, dass er sie auch nicht belohnt oder bekräftigt. Es geht darum, dem Klienten zu zeigen, dass es in der therapeutischen Situation nicht nötig ist, »nett« zum Therapeuten zu sein, um angenommen zu werden; dass es keinen Sinn hat, Spiele zu spielen und sich hinter Masken zu verbergen. Unbedingte Wertschätzung bedeutet *nicht*, dass der Therapeut dem Klienten in allem zustimmt. Es heißt nur, dass er seine Wertschätzung des Klienten nicht von dessen Verhalten abhängig macht.

- *Empathie:* Die Fähigkeit, sich in den Klienten einzufühlen, ist die dritte wichtige Fähigkeit eines hilfreichen Therapeuten. Dabei hilft kein »Geheimwissen«, und es ist auch keine »Begabung«, über die nur wenige Menschen verfügen. Empathie gründet in dem beständigen Wunsch und dem aufrichtigen Bemühen, wirklich, gefühlsmäßig zu verstehen, was der Klient fühlt und was ihn bewegt.

Ein Therapeut, der diese drei Fähigkeiten entwickelt, wird in der Lage sein, seinen Klienten Wachstum zu ermöglichen – unabhängig davon, welche »Methode« er anwendet. Ein Therapeut, der nicht über diese Fähigkeiten verfügt, wird nur sehr begrenzt mit Übungen, Techniken und Methoden seinen Klienten wirklich weiterhelfen können.

Was für Therapeuten im klinischen Setting gilt, gilt ebenso für PI-Begleiter. Die Personale Integration (PI) ist eine Möglichkeit, diese drei Fähigkeiten des wirksamen Therapeuten zu fördern:

- Wer verstanden hat, dass jede einzelne Subpersönlichkeit eine positive Absicht hat, dem wird es leichter fallen, seinen Klienten voll zu akzeptieren.
- Wer erfahren hat, wie sich die Subpersönlichkeiten auf unterschiedlichste Weise äußern können und so die Widersprüche im Bewussten Ich nur scheinbare Widersprüche sind, wird eher Verständnis entwickeln können und neugierig darauf sein, die verschiedenen Teile des vielschichtigen Selbst des Klienten kennen zu lernen.
- Und wer mit seinen eigenen Subpersönlichkeiten Bekanntschaft geschlossen und festgestellt hat, wie viel einfacher es ist, offen zu sein, als sich zu verstellen, wird auch seinen Klienten gegenüber leichter Echtheit zeigen können.

Personale Integration im Kontext anderer Therapien

Der Intellekt hat ein scharfes Auge für Methoden und Werkzeuge, aber er ist blind gegen Ziele und Werte.

Albert Einstein

Die Personale Integration ist keine bloße Methode. Sie ist auch kein Werkzeug, das sich zu beliebigen Zwecken einsetzen lässt. Sie ist aber auch keine eigene Schule der Psychotherapie. Die Personale Integration ist eine Sichtweise des Menschen, die den Menschen als potenziell vollkommenes Wesen betrachtet. Wir glauben, dass diese Sichtweise jeden unterstützen kann, der es sich zur Aufgabe gemacht hat, anderen Menschen zu helfen.

Wie erwähnt, besteht die Hauptaufgabe der Personalen Integration darin, Wachstum zu fördern. Wenn ein Mensch beginnt, sich selbst zu verstehen und anzunehmen, wird er wachsen: Das heißt, sein Spielraum zu denken, zu fühlen und zu handeln erweitert sich. Je mehr es ihm gelingt, die unterschiedlichen Teile seines Selbst in seine Persönlichkeit zu integrieren, desto größer wird sein Gefühl der Einheit mit sich selbst. Er wird in der Lage sein, mit seinem ganzen Wesen seinen Weg zu verfolgen und nicht zwischen verschiedenen Motiven hin und her gerissen sein. Seine Entscheidungskraft und geistige Energie wird größer. Er hat wieder Zugang zu der ganzen Bandbreite seiner Gefühle und vermag sie auszudrücken.

Und im Laufe dieser Selbstentdeckung wird er die Wurzeln seiner eventuellen Probleme entdecken und die Probleme mithilfe seiner inneren Kräfte lösen – Kräfte, die immer stärker sein werden als die Probleme.

Der Weg zu sich selbst ist nicht immer leicht zu gehen. Wir haben in diesem Buch darauf hingewiesen, dass mitunter ein Begleiter unverzichtbar ist. Die Personale Integration lässt sich ohne weiteres in verschiedene therapeutische Zusammenhänge eingliedern. Dabei spielt es keine Rolle, ob der Therapeut eine einsichtsorientierte Therapie (wie die Psychoanalyse), ein übungsorientiertes Verfahren (wie die Verhaltenstherapie), ein körperorientiertes Training (wie die Bioenergetik) oder eine wachstumsorientierte Begleitung (wie die Gesprächspsychotherapie) anbietet.

Die Personale Integration kann in jedem dieser therapeutischen Konzepte eine Hilfe für den Klienten (und auch für den Therapeuten!) sein, seine verschiedenen Beweggründe zu erkennen, zu verstehen, zu fühlen, zu akzeptieren – und in diesem Prozess zu wachsen.

Professionelles Arbeiten mit Personaler Integration

Wer mit Personaler Integration arbeiten will, um anderen Menschen bei psychischen Erkrankungen im Rahmen einer Psychotherapie beizustehen, darf dies nur, wenn er berechtigt ist, die Berufsbezeichnung »Psychologischer Psychotherapeut« oder »Ärztlicher Psychotherapeut« zu führen.

Wenn jemand außerhalb einer Therapie – also nicht zur Heilung oder Linderung psychischer Probleme – Menschen bei ihrem seelischen Wachstum unterstützen will, gibt es keine gesetzlichen Regelungen. Wir halten es jedoch für sinnvoll, wenn PI-Begleiter Wissen und Erfahrungen haben, die verantwortungsbewusstes Handeln gewährleisten. Ein abgeschlossenes Psychologiestudium ist sicher hilfreich. Ebenso sind natürlich Erfahrungen im Umgang mit Gruppen wichtig, wenn es um die SP-Aufstellung geht.

Durch die Arbeit mit diesem Buch erfahren Sie alles, was Sie *wissen* müssen. Die Erfahrung ersetzt das natürlich nicht. Wenn es unsere Zeit erlaubt, bieten wir immer wieder Ausbildungsseminare zur Personalen Integration an. Doch auch diese Seminare ersetzen nicht die Arbeit an sich selbst.

Trance

Ach wie oft seh ich große Kunst und gut Ding im Schlaf,
desgleichen mir wachend nit fürkömmt.

Albrecht Dürer

Wenn Menschen sich intensiv auf einen inneren oder äußeren Vorgang konzentrieren, wenn sie meditieren oder mit ihren inneren Persönlichkeiten kommunizieren, kann ein besonderer körperlich-geistiger Zustand auftreten, den man »Trance« nennt. Milton Erickson (1901-1980), der die moderne Hypnotherapie begründete, zeigte, dass Veränderungen viel leichter eintreten können, wenn der Klient in einer leichten Trance arbeitet. Die Barrieren zum Unterbewusstsein sind in Trance durchlässiger. In der Trance ist das Unterbewusste wesentlich aufnahmefähiger und besser in der Lage, neue Lösungswege aufzuspüren. Deshalb ist es sinnvoll, die Trance beim Klienten zu unterstützen.

Die Verarbeitungskapazität des Unterbewusstseins ist geradezu unglaublich und wirft ein Licht auf unsere potenziellen Möglichkeiten. Theoretische Überlegungen zum Informationsfluss besagen, dass das Bewusstsein maximal 40 Bits (Informationseinheiten) pro Sekunde aufnehmen kann. Doch gelangen über 10 Millionen Bits pro Sekunde über die Sinne in unser Gehirn! Diese gewaltige Menge an Information geht nicht einfach verloren. Ein großer Teil der gefilterten Informationen wird unbewusst verarbeitet. In der Trance, in der Bewusstes und Unterbewusstes enger zusammenarbeiten, können also viel mehr Informationen genutzt werden.

Lange Zeit galt Trance als ein sehr ungewöhnlicher Bewusstseinszustand, der nur in Hypnose oder tiefer Meditation auftritt. Inzwischen wissen wir aber, dass Trance nur einer von mehreren natürlichen Bewusstseinszuständen ist: Schlaf, Wachbewusstsein und Trance. Trance kommt auch viel häufiger vor, als allgemein angenommen wird. Haben Sie schon einmal ein Kind beobachtet, das so tief in sein Spiel versunken war, dass es nicht merkte, wenn es angesprochen wurde? Kinder sind sehr häufig in Trance. Menschen, die konzentriert, aber entspannt arbeiten, die vollkommen versunken Musik hören oder ein Bild betrachten, sind oft in einem Trancezustand.

Trance zeichnet sich dadurch aus, dass Umweltreize zu einem großen Teil ausgeblendet werden, dass die Konzentration auf einen bestimmten Vorgang gerichtet ist und dass keine logisch-rationale Reflexion stattfindet. Die moderne Gehirnforschung hat untersucht, warum Trance so hilfreich ist, wenn es darum geht, Veränderungen herbeizuführen, die bewusst nicht möglich sind. Unser Gehirn besteht aus zwei Hälften, den Hemisphären, die durch ein dickes Bündel Nervenfasern miteinander in Verbindung stehen. Beide Gehirnhälften unterscheiden sich deutlich in ihren Funktionen und Aufgaben.

Bewusstseins-Hemisphäre	Unterbewusstseins-Hemisphäre
Sprache	Körpersprache, Emotionalität
Logik	Intuition
Analyse	Kreativität
Lineare Arbeitsweise	Parallele Arbeitsweise
Schritt für Schritt	Mehrere Schritte gleichzeitig
Zeitlich ordnend	Zeitübergreifend
Bewusste Inhalte	Unbewusste Inhalte

Sind wir in Trance, verändert sich die Aktivität im Gehirn. Die »rationale« Hemisphäre wird passiver, während die andere (meist die rechte) aktiver wird. Mit dem EEG und den neueren bildgebenden Verfahren (z.B. Kernspintomographie) kann man das sehr genau nachweisen. In Trance wird also tatsächlich jene Gehirnhälfte, die für unsere unterbewussten Fähigkeiten verantwortlich ist, aktiviert. Es ist daher nachvollziehbar, warum es in Trance einfacher ist, die Bahnen gewohnter Denkmuster zu verlassen.

Trance tritt eigentlich bei jeder Therapie auf – ob sie nun bewusst vom Therapeuten eingesetzt wird oder nicht. Sobald sich ein Klient emotional sicher fühlt und eine vertrauensvolle Beziehung zwischen Begleiter und Klient besteht, geht der Klient (und meist auch der Begleiter) in einen leichten Trancezustand, in dem die Arbeit viel intensiver ist.

Trance unterstützen

Um die Arbeit durch Trance zu erleichtern, muss eine vertrauensvolle, sichere Beziehung, der so genannte *Rapport* zwischen Klient und Begleiter entstehen. Um den Rapport zu verbessern, kann ein Begleiter einiges tun. Vor allem aber muss er dem Klienten vermitteln, dass er seine Gefühle versteht.

Der Begleiter sollte insbesondere auf zwei Dinge achten: Er sollte die Sprachebene (einschließlich der Körpersprache) des Klienten verwenden und Aussagen über innere Zustände des Klienten machen, denen dieser vollkommen zustimmen kann. Dann wird er sich angenommen und verstanden fühlen und leicht in Trance gehen. Wie lassen sich aber zutreffende Aussagen über innere Zustände eines Klienten machen? Natürlich geht es letztlich darum, sich wirklich einzufühlen. Doch es gibt ein paar Hilfen.

- *Spiegeln:* Aussagen des Klienten reflektiert wiedergeben (z.B. Klient: »Ich will einerseits die Beziehung wieder kitten, aber ich weiß nicht, ob es Sinn macht.« Begleiter: »Sie sind sich nicht ganz sicher, dass es sinnvoll ist.«).
- *Gemeinplätze:* Aussagen, denen jeder zustimmt (z.B. »Manch-

mal fällt es nicht leicht, all das, was man sich vornimmt, auch zu verwirklichen.«).

- *Alternativen abdecken:* Alle Möglichkeiten nennen (z.B. »Sie können traurig sein, aber auch erleichtert. Manchmal fühlt man auch erst einmal gar nichts. Wichtig ist nur, dass Sie in sich hineinhören.«).
- *Offen lassen:* Dem Klienten überlassen, wie er die Aussage verwirklicht (z.B. »Wenn Sie möchten, können Sie noch ein wenig tiefer gehen.«).

Wenn erst einmal ein guter Rapport besteht, wird der Klient, wenn er sich auf den Kontakt mit seinen Subpersönlichkeiten konzentriert, automatisch in einen leichten Trancezustand gehen. Es wird ihm dann leichter fallen, seine Subpersönlichkeiten sprechen zu lassen, zu ihnen zu sprechen, zu vermitteln – und vor allem auch das, was in der Sitzung geschieht, gut zu integrieren.

Die drei »Physiologien«

Anzuschauen ist freilich in Kunst und Leben das Höchste.

Epigramme, Einem Ursprünglichen
Friedrich Hebbel

Der Begriff »Physiologien« bezeichnet verschiedene, klar unterscheidbare körperlich-seelische Zustände. Für einen Begleiter oder Therapeuten ist es sehr hilfreich, wenn er diese Physiologien erkennt. Menschen, die sich gut in andere einfühlen können, erkennen die Physiologien meist intuitiv.

An der Physiologie eines Klienten kann man erkennen, ob er gerade Kontakt mit einer schwierigen Subpersönlichkeit aufgenommen hat, ob er dabei ist, eine Veränderung in Gang zu setzen oder ob gerade eine Lösung eines Problemzustandes stattfindet.

Tatsächlich ändert sich der gesamte körperlich-seelische Zustand eines Menschen, wenn er die Lösung eines belastenden Problems erkennt, wenn er sich in einer entspannten Situation ein Problem vergegenwärtigt oder wenn ein Glaubenssatz ins Wanken gerät. Einige dieser Veränderungen (die eigentlichen physiologischen Veränderungen) sind nicht ohne weiteres beobachtbar - beispielsweise die Veränderung des Hautwiderstandes. Andere, wie die Veränderung des Muskeltonus, sind von einem erfahrenen Beobachter schon eher zu erkennen. Am einfachsten ist ein Physiologiewechsel jedoch am Gesichtsausdruck zu erkennen.

Die Problemphysiologie

Jemand, der sich an eine Situation erinnert, die belastend, unangenehm oder mühsam für ihn war, wird die *Problemphysiologie* zeigen. In diesem Zustand ist der Klient in Verbindung mit einer Subpersönlichkeit, die nicht in das Selbst integriert ist und sich nicht in der Lage sieht, eine Lösung für ein Problem zu erkennen.

Zeigt der Klient die Problemphysiologie, wissen Sie, dass er gefühlsmäßig mit einem Problem verbunden ist.

Kennzeichen der Problemphysiologie:

- Erhöhte Muskelspannung oder Schlaffheit
- Flache Atmung
- Geringe Hautdurchblutung (Blässe)
- Nach unten gezogene Mundwinkel
- Augen blicken nach unten

Die Veränderungsphysiologie

Wenn der Klient erkennt, dass es ein Ziel, eine Lösung für ein Problem oder eine positive Absicht einer problematischen Subpersönlichkeit gibt, geht die Problemphysiologie in die *Veränderungsphysiologie* über.

Dieser Zustand ist besonders dafür geeignet, Subpersönlichkeiten miteinander in Verbindung zu bringen. Der Klient ist bereit für Veränderungen. An der Veränderungsphysiologie wird ersichtlich, dass der Klient auf dem richtigen Weg ist.

Kennzeichen der Veränderungsphysiologie:

- Heben der Augen
- Blick zur Seite
- Leichtes Heben der Mundwinkel
- Entspannung (bei zuvor erhöhtem Tonus) bzw. Normalspannung

Die Zielphysiologie

Die *Zielphysiologie* tritt dann auf, wenn der Klient zu einer stimmigen Lösung gefunden hat, beispielsweise dann, wenn er die positive Absicht einer Subpersönlichkeit entdeckt hat. Die Zielphysiologie sollte auch immer dann auftreten, wenn der Kontakt mit dem inneren Freund aufgebaut ist.

Kennzeichen der Zielphysiologie:

- Augen weit geöffnet
- Blick nach vorne
- Pupillen erweitert
- Aufrechte Körperhaltung
- Gut durchblutete Haut
- Mundwinkel nach oben gezogen

Gruppenarbeit

Nichts ist besser geeignet,
die Verschmelzung der widerstrebenden Elemente zu fördern,
als gemeinsame Arbeit an gemeinsamen Aufgaben.

Rede im Herrenhaus, 15.1.1867
Otto von Bismarck

Mit einer Gruppe die SP-Aufstellungsarbeit zu machen, ist immer ein sehr interessantes Erlebnis. Die Einzelaufstellung, die wir in diesem Buch beschrieben haben, ist zwar eine Möglichkeit, sich seinen Subpersönlichkeiten auf eine andere Weise als im Dialog zu nähern, doch sie kann letztlich nicht das leisten, was in einer Gruppe geschieht.

Eine Gruppe ist klüger als jeder Einzelne in ihr. Das gilt umso mehr, je eher die Mitglieder der Gruppe emotional offen, kooperationsbereit und interessiert sind. In der Gruppenarbeit gewinnt nicht nur der, dessen Subpersönlichkeiten aufgestellt werden, an Einsicht, sondern alle Teilnehmer. Die Erfahrung zeigt, dass von den Teilnehmern, die für die Aufstellung ausgewählt werden, die Gefühle der Subpersönlichkeiten geradezu verblüffend klar wahrgenommen werden. Deshalb ist der Schritt, bei dem die aufgestellten Personen nach ihren Gefühlen und Wahrnehmungen in dieser Position befragt werden, so wichtig – und fehlt leider bei der Einzelarbeit.

Ein Begleiter sollte sich jedoch, auch wenn die Gefühlswahrnehmungen der aufgestellten Personen immer wieder verblüffend sind, darüber bewusst sein, dass es nicht um eine absolute Wahrheit geht, sondern nur um einen Aspekt.

Darüber hinaus ist es stets notwendig, die Person, die ihre Subpersönlichkeiten aufstellt, wirklich in das Zentrum des Prozesses zu stellen! Nur sie kann entscheiden, ob sie die Aussage einer Subpersönlichkeit annimmt oder nicht. Nur sie und niemand anderes: Auch wenn alle anderen Gruppenmitglieder einen anderen Eindruck von den Gefühlen einer Subpersönlichkeit haben - stößt dieser Eindruck bei demjenigen, der seine Subpersönlichkeiten aufstellt, nicht auf Resonanz, hat er - zumindest momentan - keine wirkliche Bedeutung (und sei es auch nur, weil kein Kontakt zu der betreffenden Subpersönlichkeit besteht).

Mit einer Gruppe Aufstellungen zu machen, verlangt vom Begleiter ein besonderes Maß an Erfahrung, Übersicht, Offenheit, Kompetenz im Umgang mit Gefühlen - und der Fähigkeit, sich selbst zurücknehmen zu können.

Grenzen der Arbeit

Glück heißt, seine Grenzen kennen und sie lieben.

Romain Rolland

Um es noch einmal zu erwähnen: Wir sind der Überzeugung, dass die Personale Integration das Wachstum und die Selbsterkenntnis bei jedem Menschen fördern können. Und wir sind auch davon überzeugt, dass jemand, der seine Möglichkeiten entdeckt und seine wahren Ziele anstrebt, alle Schwierigkeiten, die ihm auf seinem Weg begegnen, meistern wird.

Dieses Bild ist unser Leitziel. Doch wir meinen nicht, dass die Personale Integration nun das Heilmittel für alle Probleme ist. Zu vielfältig sind die Menschen, zu unterschiedlich ihre Voraussetzungen, Motive und Denkweisen, als dass eine Idee immer, ewig, für jeden und überall sinnvoll ist. Das Subpersönlichkeiten-Modell ist sehr hilfreich, um die eigenen Gefühle, Gedanken und Motive zu erkennen und um andere Menschen besser zu verstehen. Niemals jedoch werden wir alle Gefühle, Gedanken und Motive aller Menschen vollkommen verstehen können. Denn was immer wir uns vorstellen, kann auch ganz anders sein. Bei der Arbeit als PI-Begleiter lautet eine wichtige Regel: Betrachte alles von (mindestens) zwei Seiten! Auch dann wird es nicht immer leicht sein, zu verstehen, anzunehmen und offen zu bleiben. Zumindest aber das Bemühen ist wichtig.

Die Grenzen in der PI-Arbeit sind vor allem die Grenzen, die sich der Begleiter selbst setzt – und setzen muss. Einerseits muss er seine Grenzen kennen – rechtliche wie persönliche –, um verantwortungsbewusst mit Klienten umzugehen, auf der anderen Seite sollte er stets darum bemüht sein, seine eigenen Grenzen zu erweitern.

Die Grenzen erweitern bedeutet jedoch nicht, sie zu missachten. Unsere Gefühle, unsere Subpersönlichkeiten sind dabei unsere besten Ratgeber. Wir sollten sie auch dafür ehren und sie nicht ignorieren oder unterdrücken.

Natürlich gibt es auch aufseiten des Klienten Grenzen – die natürlich ebenso stark beachtet werden müssen. Zum einen sind das seine kognitiven Grenzen: Nicht jeder ist in der Lage, das Subpersönlichkeiten-Modell zu verstehen. Es ist auch nicht wichtig, dass jemand es theoretisch versteht. Der Begleiter würde wohl auch meist nicht besonders gut daran tun, seinen Klienten in der ersten Stunde von der Vielzahl der inneren Persönlichkeiten zu erzählen – es ist sinnvoller, zunächst von Motiven, Einstellungen und Gefühlen zu sprechen.

Und auch das gilt es zu beachten: Bei manchen Menschen ist die Personale Integration *nicht* angezeigt. Vor allem gilt das für Klienten, die unter einer Psychose oder einer Schizophrenie leiden; unter Zuständen, bei denen Halluzinationen, unter anderem auch »Stimmen« auftreten. Das Subpersönlichkeiten-Modell kann dieses Phänomen zwar gut als Subpersönlichkeit erklären, die sich ohne Verbindung zum bewussten Selbst ins Bewusstsein drängt und deshalb als fremd empfunden wird, doch gerade deshalb ist es nicht sinnvoll, mit einer Vielzahl von Subpersönlichkeiten zu arbeiten, die diese Klienten eher noch weiter verwirren könnte.

Unsere Grenzen sollten wir allein schon deshalb kennen, weil wir sie nur dann bewusst erweitern können. Gibt es eine Grenze, über die hinaus wir die Grenzen nicht mehr erweitern können? Wir wissen es nicht. Doch wir sind überzeugt, dass wir eher wachsen und unsere Grenzen erweitern können, wenn wir davon ausgehen, dass wir die Grenzen immer weiter hinausschieben können. Wenn wir schon begrenzt sind - wozu uns dann noch selbst begrenzen?

*

Wenn wir uns verstehen, werden wir in Frieden mit uns selbst sein.
Wenn wir unsere Mitmenschen verstehen,
werden wir in Frieden mit ihnen sein.
Und vielleicht erkennen wir sogar eines Tages,
dass der Unterschied zwischen dem Ich und dem Du
nur ein scheinbarer ist.

Anhang

Danke

Im Laufe unseres Lebens haben wir viele interessante Menschen getroffen, gesprochen und ihre Bücher gelesen. Von jedem Einzelnen konnten wir etwas lernen. Unsere Ideen, unsere Bücher und Vorstellungen sind das Ergebnis dieses Lernens. Es sind also eigentlich sehr viele Menschen an unseren Büchern beteiligt. Bei den meisten können wir nicht mehr genau sagen, wo genau ihr Einfluss liegt. Bei anderen fällt es uns leichter.

Wir möchten uns bei allen bedanken, von denen wir lernen durften, insbesondere aber bei: *Fritz Perls* für seine Gestaltpsychologie, *Carl Rogers* für sein humanistisches Menschenkonzept, *Eric Berne* für seine Transaktionsanalyse, *Hal* und *Sidra Stone* für Voice Dialogue, *Maturana* und *Varela* für ihre Theorie lebender Systeme, *John Grinder* und *Richard Bandler* für NLP, *Milton H. Erickson* für seine erhellenden Ideen über das Unterbewusste, *C.G. Jung* für seine Archetypen, *Bert Hellinger* für sein Familienstellen, *Oliver Sacks* für seine einfühlsamen Darstellungen neuropsychologischer Vorgänge, *Douglas Hofstadter* für »Gödel, Escher, Bach«.

Jeder, den wir vergessen haben, möge sich hier eintragen ...

Literatur

Berne, E.: *Spiele der Erwachsenen. Psychologie der menschlichen Beziehungen.* Rowohlt, Reinbek 2002

Erickson, M.H., Rossi, E.L.: *Hypnotherapie.* Pfeiffer bei Klett-Cotta, Stuttgart 2001

Dilts, R.B.: *Identität, Glaubenssysteme und Gesundheit. NLP Veränderungsarbeit.* Junfermann, 2001

Haecker, Jo v.: *Enneagramm.* Ludwig, München 2003

Hellinger, B.: *Ordnungen der Liebe. Ein Kursbuch.* Carl-Auer-Systeme Verlag, 2001

Jung, C.G.: *Archetypen.* dtv, München 2001

Lao tse: »Tao te King«, in: Schwarz & Schweppe: *Tao.* Ludwig, München 2001

Perls, F.: *Gestalt-Therapie. Wiederbelebung des Selbst.* Klett-Cotta 1996

Rogers, C.: *Die nicht-direktive Beratung. Geist und Psyche.* Fischer, Frankfurt 1994

Schwarz, A.A.: *Spring über den Horizont!* Kreuz, Stuttgart 2004

Schwarz, A.A./Schweppe, R.P.: *Anleitung zum Philosophieren.* Herbig, München 2002

dies.: *Hypnose. Südwest,* München 2000

dies.: *Licht für die Seele.* Gräfe & Unzer, München 1999

dies.: *Die Macht des Unbewussten.* Südwest, München 1999

dies.: *NLP.* Südwest, München 2002

dies.: *Die Philosophische Hausapotheke.* Herbig, München 1999

dies.: *Urlaub auf der Seeleninsel.* Kösel, München 2003

Stone, H./Stone, S.: *Embracing Our Selves. The Voice Dialogue Manual.* Nataraj Publishing, Novato, CA, USA, 2002

Inneres Kind

König

Königin

Innerer Arzt

Innerer Freund

Vater

Magier

Hexe

Träumer

Mutter

Narr

Realist

Großmutter

Tod

Kritiker

Großvater

Weiser

Weisheit

Historiker

Bruder

Schwester

Liebende

Liebender

Schauspieler

Zwilling

Spirituelles Selbst

Moderator

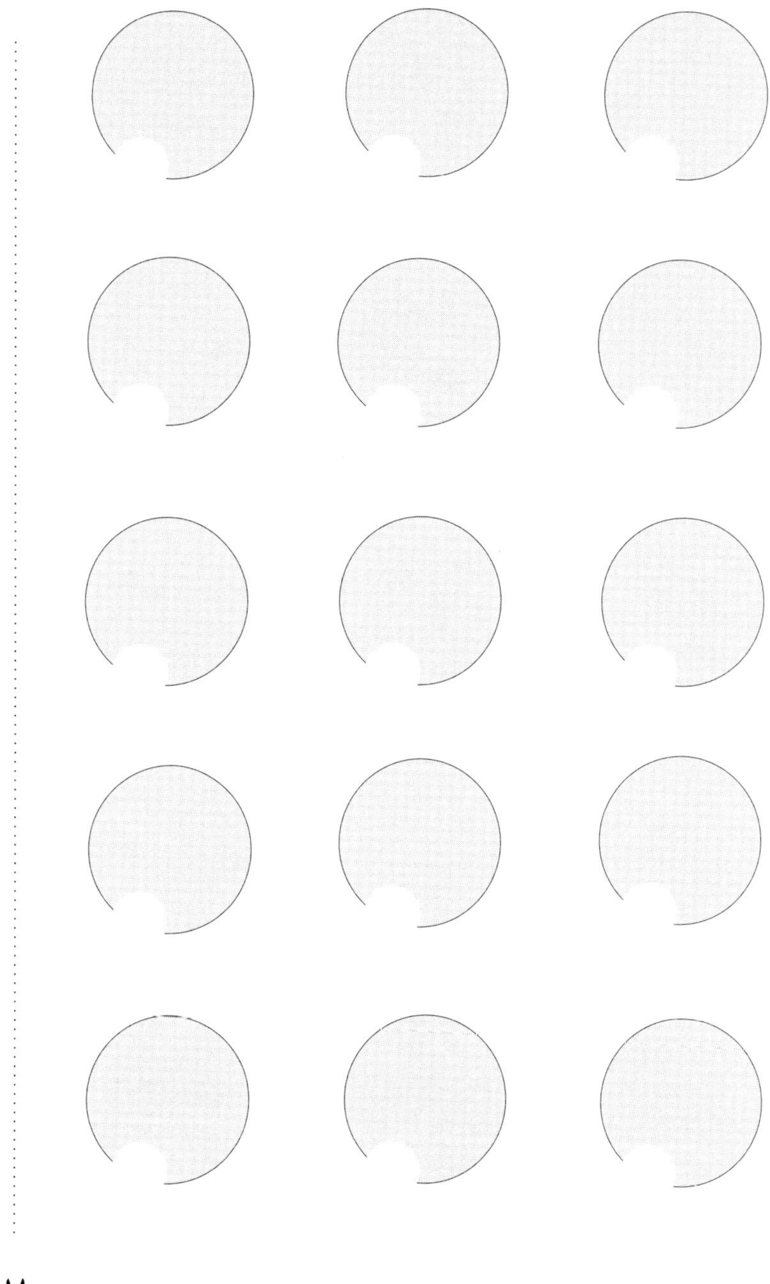

Über die Autoren

Aljoscha A. Schwarz, geb. 1961 in Bonn, Diplompsychologe, studierte in Kanada und Deutschland Philosophie, Psychologie, Pädagogik, Musikpädagogik und Sprachen. Mitglied bei Mensa e.V., Ehrenmitglied des Vereins zur Förderung des chinesischen Verständnisses für Deutschland e.V., Ausbildung in NLP und Hypnose sowie Taiji und Qigong. Seine wichtigsten Interessen sind chinesische Philosophie, Sprachphilosophie, Gehirnforschung, Cellospielen und Malen. Seit 1989 arbeitet er als Autor, Übersetzer, Komponist und Lebensberater.

Ronald P. Schweppe, geb. 1962 in Lausanne, war nach dem Musikstudium als freischaffender Musiker in verschiedenen Orchestern, u.a. bei den Münchner Symphonikern, tätig und ist Gründungsmitglied des Bruckner-Akademie-Orchesters e.V. Er beschäftigt sich seit ca. 20 Jahren intensiv mit Buddhismus und Daoismus. Ausbildung in NLP, Zen, Yoga und Meditation. Heute arbeitet er als Autor, Komponist, Meditationslehrer und Lebensberater.

Beide Autoren haben gemeinsam über 40 Bücher zu psychologischen und philosophischen Themen verfasst, die in mehr als 10 Sprachen übersetzt wurden. Außerdem wirkten sie in vielen Fernseh- und Rundfunksendungen als Experten mit. 1999 entwickelten sie die *Personale Integration* und gründeten das IfP (Institut für Personale Integration). Neben ihrer Tätigkeit als Autoren veranstalten sie Seminare zu Kreativität und Selbstentdeckung. Seit 2000 sind sie für große Unternehmen als psychologische Berater und Referenten tätig.

Mehr über das *Institut für Personale Integration (IfP):*
www.schwarz-schweppe.de

Bei Rückfragen zur Personalen Integration oder Interesse an Seminaren wenden Sie sich bitte an die Autoren unter:
schwarz-schweppe@web.de